ESSENTIAL ELEMENTS para banda

MÉTODO DE BANDA COMPRENSIVO

TIM LAUTZENHEISER • JOHN HIGGINS • CHARLES MENGHINI
PAUL LAVENDER • TOM C. RHODES • DON BIERSCHENK
Traducido al español por Sara Denlinger

Banda es...

M anifestando arte musical con una familia de amistades
U tilizando nuestra dedicación para crear éxito
S uperarse a través de las alegría en trabajar unidos
I ndividuos expresándose en un idioma universal
C reatividad - expresándote en un idioma universal
A ctualizando la unión de varias personas y culturas

Banda es...**MÚSICA!**

¡A Tocar la música!
Tim Lautzenheiser

HISTORIA DEL BAJO ELÉCTRICO

La invención del bajo eléctrico (1950) se le atribuye a un solo hombre: Leo Fender, un fabricante de guitarras de California que quería crear una versión amplificada del contrabajo. En sus primeros años, el bajo eléctrico, también conocido como Fender Bass o bajo guitarra, se utilizaba principalmente en bandas populares de baile y en los primeros grupos de rock 'n roll.

Hoy en día, el bajo eléctrico se ha convertido en uno de los instrumentos más populares y se encuentra en muchos tipos de agrupaciones musicales: bandas de jazz y rock, orquestas de foso, música sacra e incluso bandas de marcha. Su sonido distintivo y amplificado es considerado una de las influencias más significativas en el estilo musical de los últimos 40 años.

La mayoría de los bajos eléctricos tienen cuatro cuerdas, afinadas a las mismas alturas que un contrabajo. Recientemente, los bajos de cinco y seis cuerdas se han vuelto comunes entre los músicos que desean ampliar el rango y la versatilidad del instrumento. Muchos bajistas se han hecho muy conocidos por sus líneas de bajo innovadoras y distintivas en el bajo eléctrico: Paul McCartney (The Beatles), James Jamerson (Motown), Jaco Pastorius (Jazz/Fusion), Victor Wooten (Contemporáneo/Funk), Marcus Miller (Funk/R&B), Geddy Lee (Rock Progresivo), Hadrian Feraud (Jazz/Fusion) y Thundercat (Varios).

Para crear una cuenta, visite:
www.essentialelementsinteractive.com

Codigo de activacion de estudiante
E1EB-ES74-5537-9777

ISBN 979-835015939-4

A Muse Group Company

LO BÁSICO

Postura

Siéntate en el borde de la silla y mantén siempre:

- La espina dorsal recta y erguida
- Los hombros hacia atrás y relajados
- Los pies planos sobre el suelo

Posición del instrumento y de la mano izquierda 

Tu instrumento debe estar completamente sostenido por la correa cuando estés de pie, y descansando sobre tu pierna derecha cuando estés sentado. Apunta el mástil del instrumento ligeramente hacia arriba. Tu mano izquierda ayuda a equilibrar el instrumento: coloca la almohadilla del pulgar izquierdo en la parte trasera del mástil y curva los dedos justo por encima de las cuerdas.

Producción del tono esencial 

Los buenos bajistas aprenden a producir un sonido limpio, con un inicio claro de cada nota y un volumen uniforme entre las notas. Excepto por las 4 cuerdas al aire, tu mano izquierda "selecciona" la nota presionando la cuerda justo detrás de un traste y manteniéndola durante toda la duración de la nota. Tu mano derecha "toca" la nota tirando de la cuerda para iniciar su vibración.

INICIANDO EL TONO

- Apoya tu pulgar sobre la cuerda Mi (la más gruesa) o en el borde superior del pickup.
- Tira de la cuerda Sol (la más delgada) con tu dedo índice, de modo que el dedo quede sobre la siguiente cuerda (Re).
- Haz el mismo tono tocando la cuerda Sol con tu dedo medio.
- Toca 2 tonos en cada cuerda, alternando dedo índice/dedo medio.
- Busca un volumen uniforme y un inicio claro de cada tono.

DETENIENDO EL TONO (AMORTIGUAMIENTO)

- Detén un tono tocando suavemente la cuerda con cualquiera de las manos.
- Las notas con traste también pueden detenerse levantando el dedo de la mano izquierda que presionaba la cuerda, pero manteniendo el dedo sobre ella.

Cuidando tu instrumento

- Asegúrate de que tu amplificador esté apagado antes de conectar o desconectar el cable de audio que lo une a tu instrumento.
- Al desconectar un cable, sosténlo por el enchufe, no por el cable.
- Después de tocar, limpia el instrumento y las cuerdas con un paño suave y limpio. Guarda el instrumento en su estuche.
- Cierra todos los broches del estuche cuando el instrumento esté dentro.
- Mantén las 4 cuerdas afinadas (con tensión normal) para evitar que el mástil se deforme.
- Tu estuche está diseñado para guardar solo objetos específicos. Si fuerzas cualquier otra cosa dentro, podrías dañar tu instrumento.

AFINANDO EL BAJO ELÉCTRICO 

Afinar significa ajustar la altura correcta (tono más alto o más bajo) de cada cuerda. Esto se hace apretando o aflojando las clavijas de afinación en la cabeza del bajo. Tu profesor puede ayudarte a afinar las 4 notas usando el audio en línea, o las notas de un piano:

Nota:	Mi	La	Re	Sol
Cuerda:	4	3	2	1 (más aguda)

Muchos bajistas utilizan un **afinador electrónico**, que "escucha" cada cuerda e indica si está demasiado alta o baja. También puedes aprender a usar la **afinación relativa**, comparando una cuerda con otra. Después de afinar una cuerda, se compara con el tono de la siguiente cuerda más grave, tocando en el quinto traste. Los dos tonos deben coincidir exactamente.

 *Consulta el interior de la portada para obtener información sobre cómo acceder a los videos instructivos.*

Reuniéndolo todo

Paso 1 Sujeta firmemente la correa a los botones de la correa, ajustándola de modo que el bajo quede a la altura correcta (aproximadamente a la altura de la cintura) y con el ángulo de ejecución adecuado.

Paso 2 Con el amplificador apagado, conecta el cable de audio al bajo y al amplificador. Enciende el amplificador y ajusta el volumen.

Paso 3 MANO IZQUIERDA: Coloca la almohadilla del pulgar izquierdo en la parte trasera del mástil. Los dedos deben estar relajados y curvados, justo por encima de las cuerdas.

Paso 4 MANO DERECHA: Apoya el pulgar derecho sobre la cuerda Mi (la más gruesa) o en el borde superior del pickup. Apoya la almohadilla del dedo índice sobre la cuerda Sol (la más delgada).

Paso 5 Siéntate o párate siempre erguido al tocar, con los pies planos en el suelo y los brazos y hombros relajados. Revisa tu posición de ejecución con las ilustraciones:

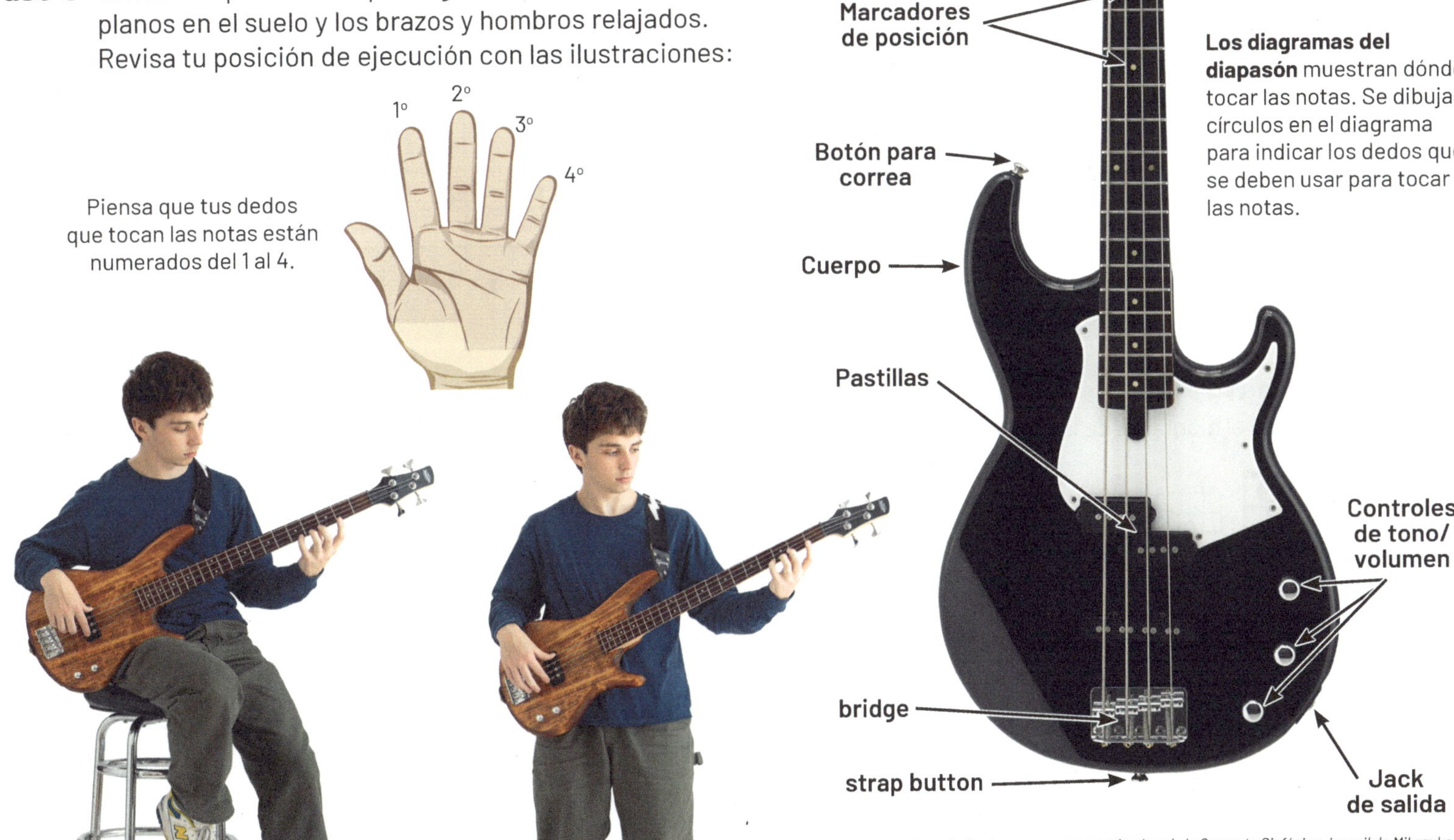

Piensa que tus dedos que tocan las notas están numerados del 1 al 4.

Los diagramas del diapasón muestran dónde tocar las notas. Se dibujan círculos en el diagrama para indicar los dedos que se deben usar para tocar las notas.

La estudiante que aparece es miembro de la Orquesta Sinfónica Juvenil de Milwaukee

LECTURA DE MÚSICA

Identifica y dibuja cada uno de estos símbolos:

Pentagrama

El Pentagrama de Música tiene 5 líneas y 4 espacios donde se escriben notas y silencios.

Lineas adicionales

Las líneas adicionales amplían el pentagrama musical. Las notas en las líneas adicionales pueden estar por encima o por debajo del pentagrama.

Compases y lineas divisoras

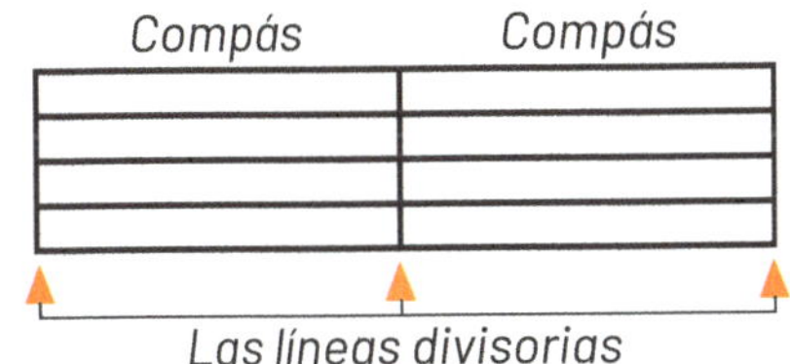

Las líneas divisorias dividen el pentagrama musical en compases.

Clarificación: La palabra compás también se refiere a la fracción numérica que aparece al principio de una canción para indicar cuantos pulsos se encuentran en un compás (el espacio entre las lineas divisoras), pero ese concepto será explicado con mas detalle después en este libro.

Tono largo

Para empezar, usaremos una nota especial de "Tono Largo". Mantén el tono hasta que tu profesor te diga que descanses. Practica tonos largos todos los días para desarrollar tu sonido.

1. La primera nota

Mantén cada tono largo hasta que tu profesor(a) te diga que descanses

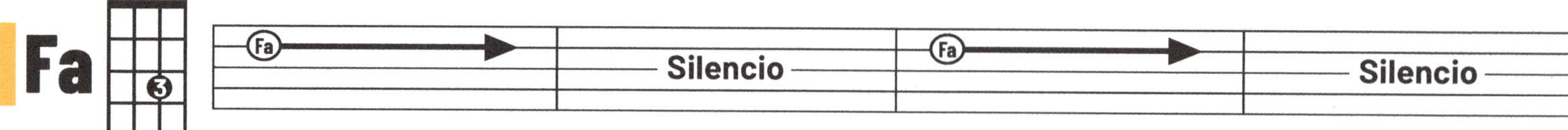

▲ *Para tocar "Fa", coloca tus dedos en la cuerda como se muestra.*

El Ritmo

El **ritmo** es el pulso de la música y, como los latidos del corazón, debe permanecer muy constante. Contando en voz alta y dando golpecitos con los pies nos ayuda a mantener un ritmo constante. Golpea suavemente con el pie hacia **abajo** cada número y hacia **arriba** en cada "y."

Un pulso = 1 y

↓ ↑

Notas y Silencios

Las **notas** nos dicen cuales tonos tocan (alto o bajo) dependiendo en donde aparecen en el pentagrama musical, y también nos dice que duración darles dependiendo en su forma (negra, blanca redonda, etc.). Los **silencios** indican la duración de descanso.

Nota negra = 1 pulso de sonido

Silencio de la negra = 1 pulso de silencio

2. Cuenta y toca

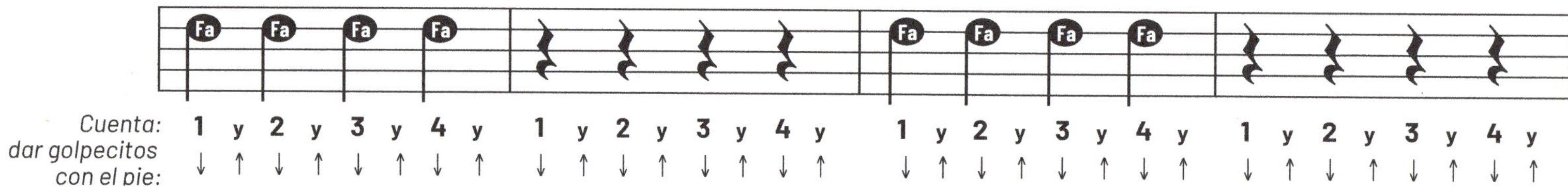

3. Una nota nueva

Busca el diagrama de las digitaciones debajo de cada nota. Esta nota es Mi bemol.

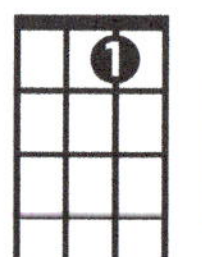

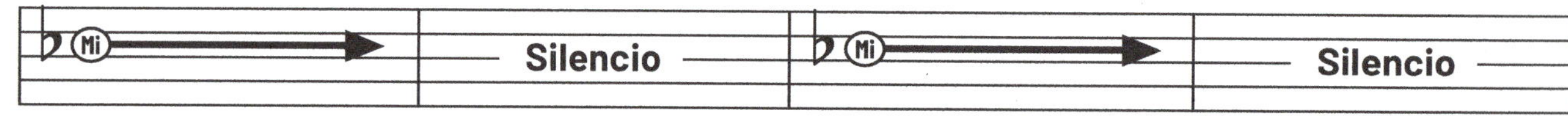

4. Dos son un equipo

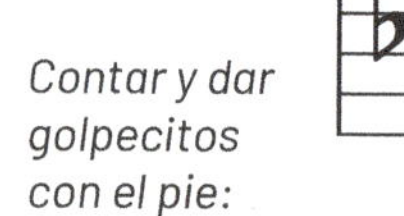

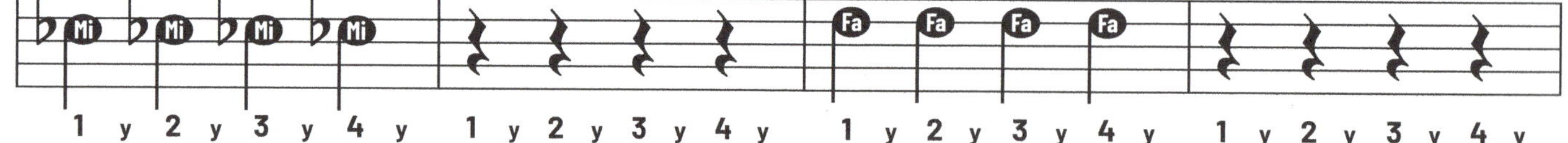

5. Hacia abajo

Practica tonos largos sobre cada nota nueva.

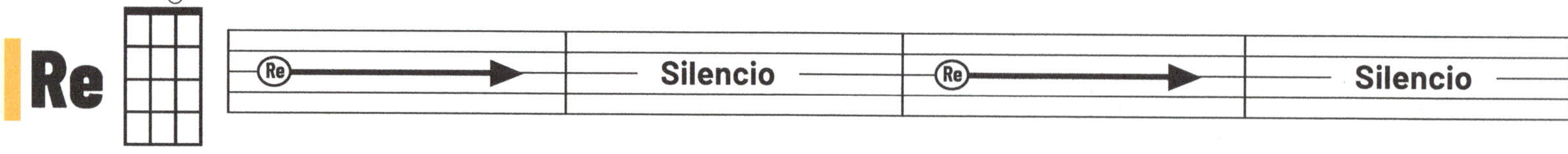

6. Avanzando hacia arriba

Doble barra Indica el final de una sección de música.

Signo de repetición 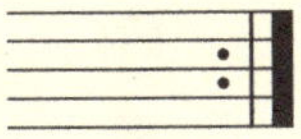 Sin parar, toca la canción una vez más desde el principio.

7. El largo plazo

Doble barra ▼

Do 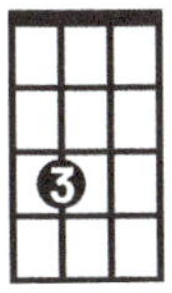

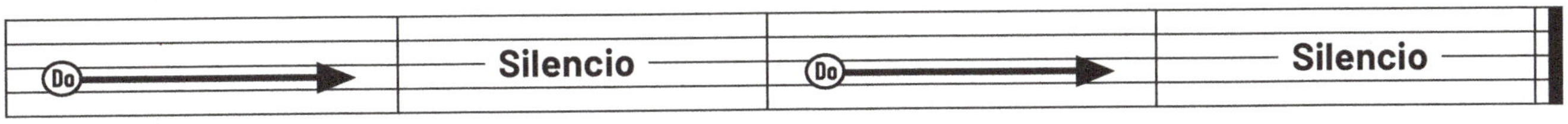
Do
Silencio
Do
Silencio

8. Cuatro por cuatro

Signo de repetición ▼

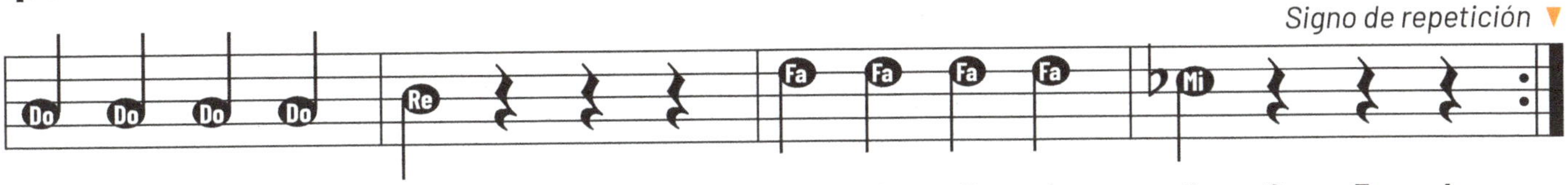
Do Do Do Do
Re
Fa Fa Fa Fa
Mi

Contar y dar golpecitos con el pie : 1 y 2 y 3 y 4 y 1 y 2 y 3 y 4 y 1 y 2 y 3 y 4 y 1 y 2 y 3 y 4 y

9. La llegada

Si bemol 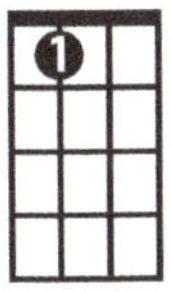

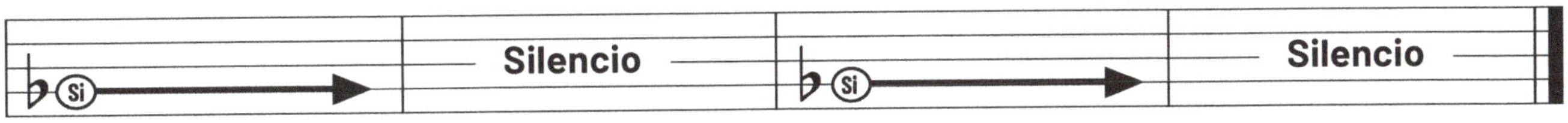
Si
Silencio
Si
Silencio

10. Los fabulosos cincos

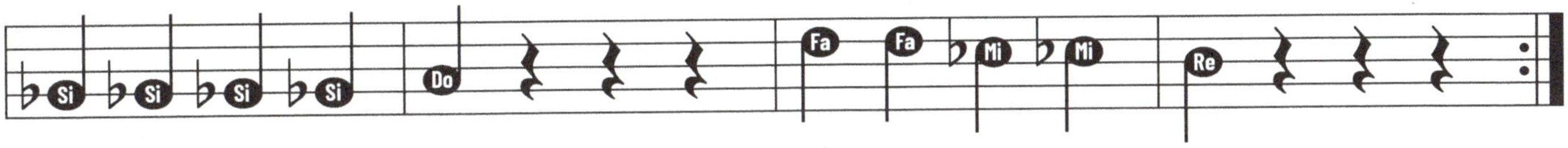
Si Si Si Si
Do
Fa Fa Mi Mi
Re

1 y 2 y 3 y 4 y 1 y 2 y 3 y 4 y 1 y 2 y 3 y 4 y 1 y 2 y 3 y 4 y

TEORÍA

Clave de Fa

Indica la posición de los nombres de las notas sobre el pentagrama musical. La cuarta línea del pentagrama es Fa.

Compás (Tiempo)

Parece una fracción. El número de arriba indica cuantos pulsos por compás y el número de abajo indica que tipo de nota recibe un solo pulso.

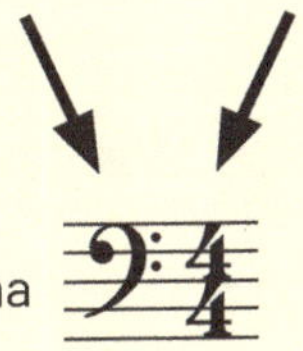

= **4 pulsos** por cada compás
= **La nota negra** recibe un solo pulso

Nombre de notas

Cada nota aparece sobre una linea o en un espacio del pentagrama. Los nombres de estas notas son indicados por la Clave de Fa.

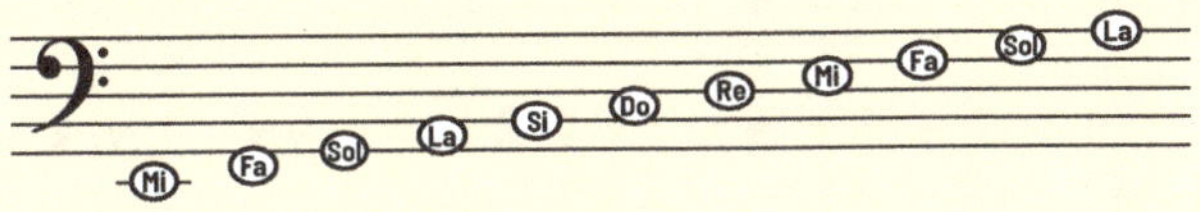
Mi Fa Sol La Si Do Re Mi Fa Sol La

Sostenido ♯ sube el tono de una nota por medio paso y su efecto dura el compás entero.

Bemol ♭ baja el tono de una nota por medio paso y su efecto dura el compás entero.

Becuadro ♮ cancela un sostenido o bemol y su efecto dura el compás entero.

11. Leyendo las notas *Compare esto al ejercicio #10 (Los fabulosos cincos)*

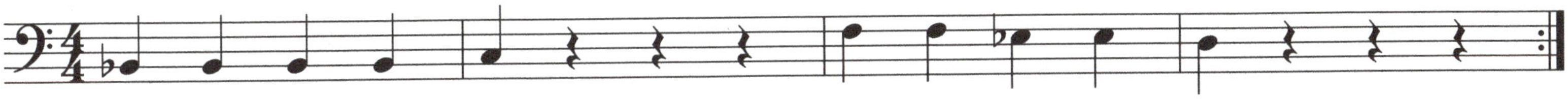

1 y 2 y 3 y 4 y 1 y 2 y 3 y 4 y 1 y 2 y 3 y 4 y 1 y 2 y 3 y 4 y

12. Primer vuelo

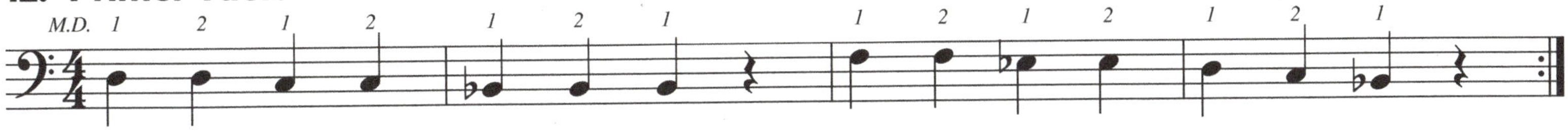
M.D. 1 2 1 2 1 2 1 1 2 1 2 1 2 1

13. Essential Elements: Prueba *Escribe los nombres de las notas que faltan antes de empezar a tocar.*

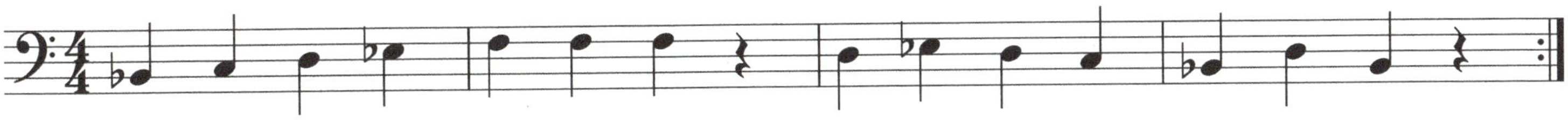

Si♭ Do Re ___ ___ ___ ___ ___ ___ ___ ___ ___ ___ ___ ___

15. Rap de ritmo *Tocar el ritmo con palmadas mientras contando y dando golpecitos.*

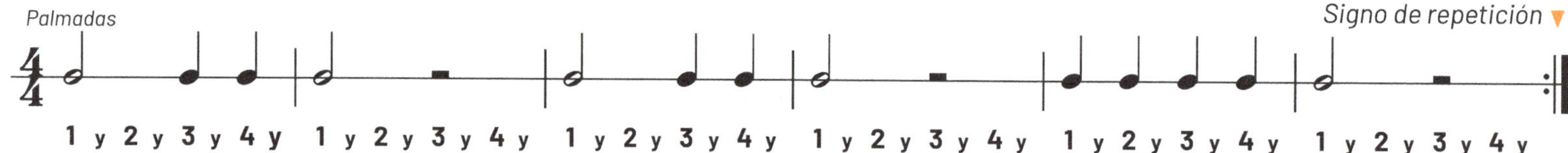

16. La blanca cuenta

17. Panecitos calientes

18. Díselo a tía Rhodie *Prueba esta técnica de mano derecha, repitiendo dedos y alternando digitaciones*

19. Essential Elements: Prueba *Usando los nombres de las notas y los ritmos que aparecen debajo, dibuja tus notas en el pentagrama antes de empezar a tocar.*

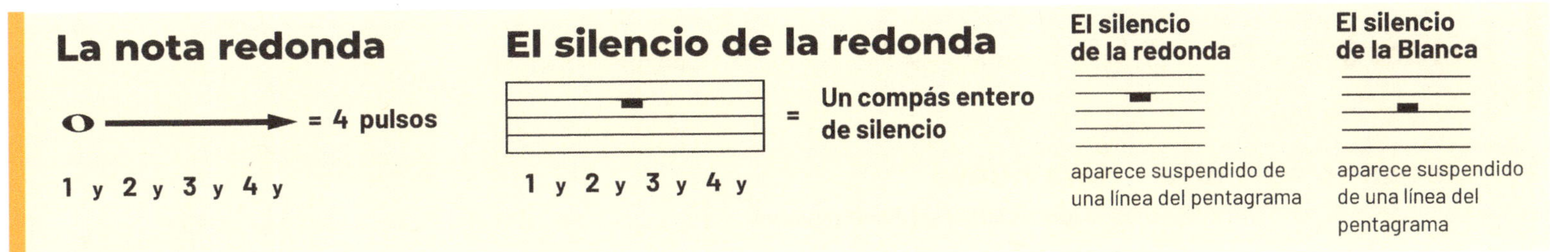

20. Rap de ritmo *Tocar el ritmo con palmadas mientras contando y dando golpecitos.*

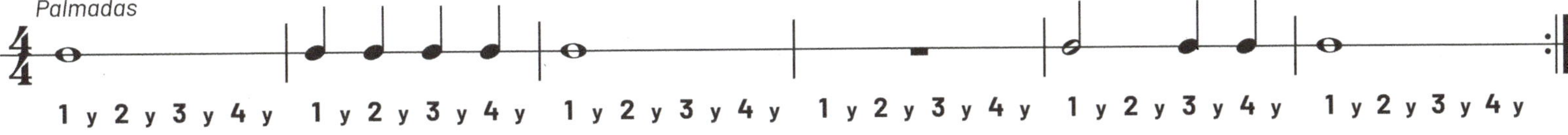

21. La redonda entera

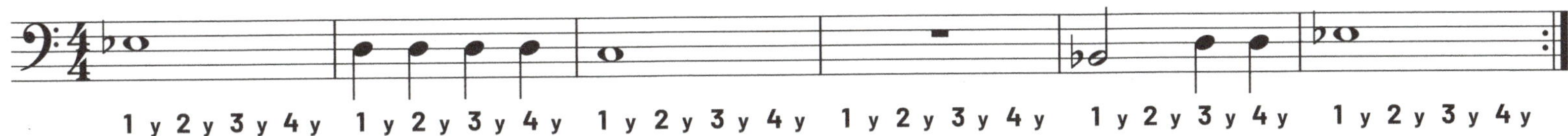

Dúo Una composición con dos tocados juntos diferentes.

22. Decisión dividida – dùo

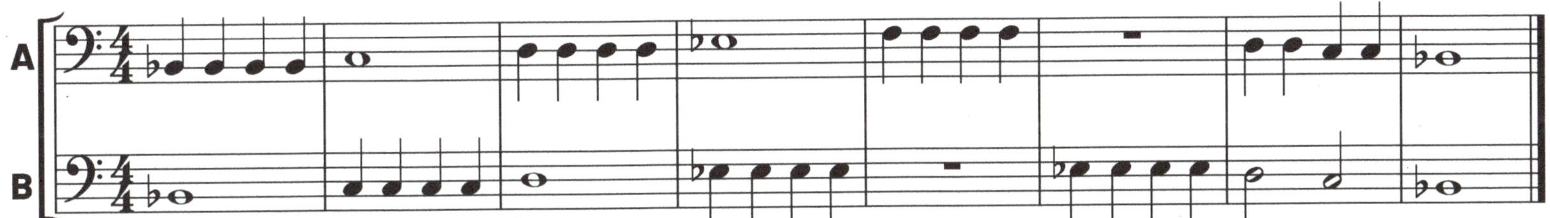

Armadura

La **armadura** nos dice cuáles notas tocar con sostenidos (♯), o bemoles (♭) en la música. Tu armadura indica la Clave de Sí bemol (Bb) - toca todas las notas "Sí" y tambien "Mí" como bemoles (E).

TEORÍA

23. Pasos de marcha

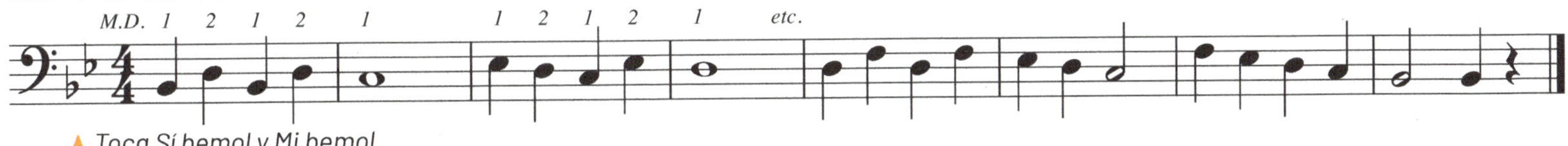

▲ *Toca Sí bemol y Mi bemol*

24. Escuchar a nuestras secciones

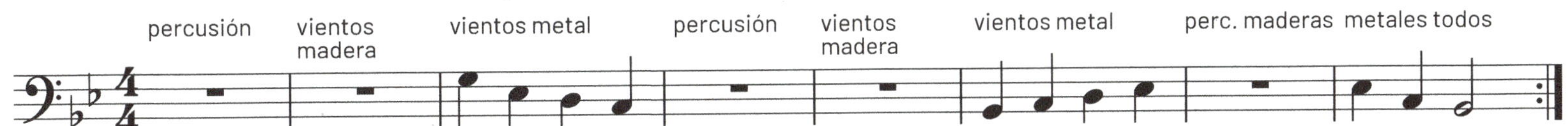

25. Suavemente rema

26. Essential Elements: Prueba *Dibuja las líneas que dividen cada compás antes de empezar a tocar.*

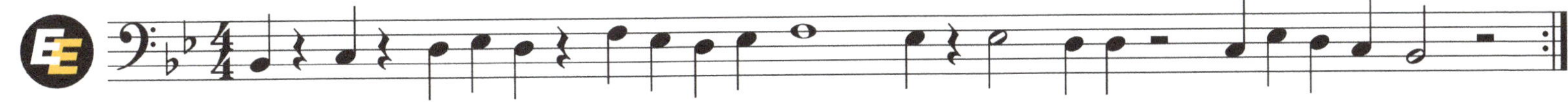

Calderón 𝄐 Sostener la nota (o silencio) por más tiempo que lo normal.

27. Llegando más alto – nota nueva

Practica tonos largos sobre cada nota nueva.

28. El claro de la luna

Canción folclórica francesa

29. Remezcla

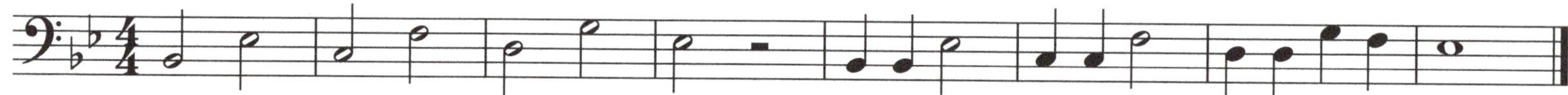

TEORÍA

Armonía Dos o más notas tocadas juntas; Cada combinación forma un *acorde.*

30. El puente de Londres – dúo

Canción folclórica inglesa

HISTORIA

Compositor Austriaco **Wolfgang Amadeus Mozart** (1756–1791) fué un niño prodigio quien empezó tocando música profesionalmente a los seis años y vivió durante el tiempo de la revolución americana. La música de Mozart es muy melódica e imaginativa. Escribió mas de 600 composiciones durante su corta vida, incluyendo una pieza para el piano basado en la famosa canción, "Twinkle, Twinkle, Little Star."

31. Una melodía de Mozart

Adaptación

32. Essential Elements: Prueba

Dibuja estos símbolos donde corresponden y escribe las notas antes de empezar a tocar:

33. Bolsillos profundos – nota nueva

34. "Doodle" todo el día

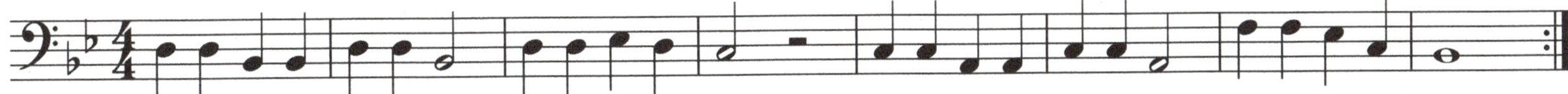

35. Brinca soga

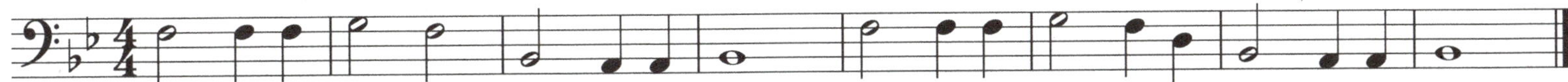

Notas preparatorias Una o más nota(s) que vienen antes del primer compás *completo*. Los pulsos de las notas preparatorias son removidos del último compás.

36. A-tisket, a-tasket

Indicadores de dinámicas *f* – *forte* (tocar fuertemente) *mf* – *mezzo forte* (tocar en volumen nivel mediana) *p* – *piano* (tocar suavemente)

37. Fuerte y suave

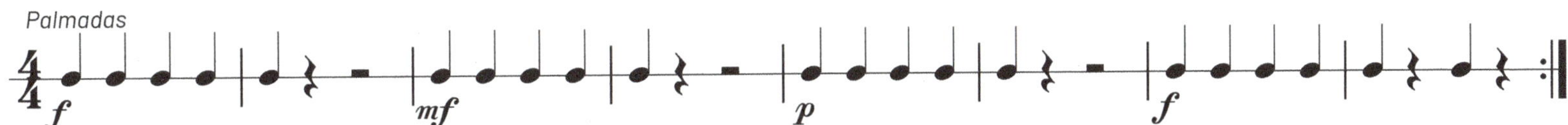

38. Cascabeles *Always strive for consistent, even sound.*

J. S. Pierpont

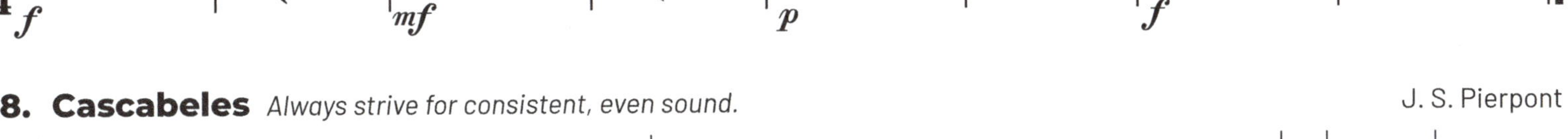

39. Mi dreydl

Canción tradicional de Hanukkah

Notas Corcheas

Cada nota corchea= 1/2 pulso
Dos notas corcheas= 1 pulso
Tocar una nota en cada mitad del pulso (el golpe en el piso y hacia arriba)

Dos o más notas corcheas son conectadas por una viga horizontal que atraviesa las plicas.

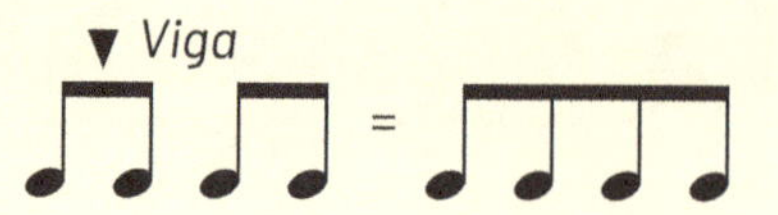

40. Rap de ritmo *Tocar el ritmo con palmadas mientras contando y dando golpecitos.*

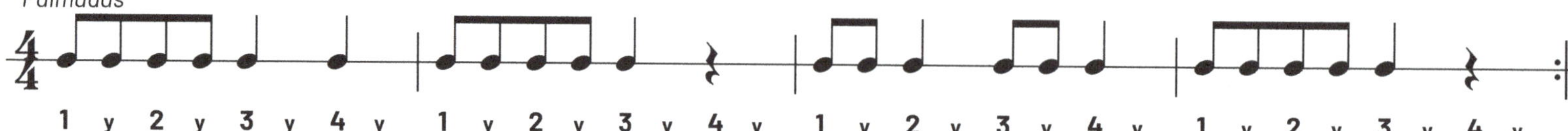

41. "Jam" de corcheas

42. Saltar hacia mi Luis

43. Hace mucho, mucho tiempo

44. Rock de Montaña Caramelo

HISTORIA

Compositor Italiano **Gioachino Rossini** (1792–1868) empezó a escribir música en su adolescencia y era muy competente tocando el piano, la viola y el corno. Rossini compuso "William Tell" a los 37 años como su último de sus 40 óperas, y su tema familiar se oye todavía en televisión y radio.

45. Essential Elements: Prueba – William Tell

Gioachino Rossini

TEORÍA

Compás de 2/4

= **2 pulsos** por cada compás
= **Nota negra** vale 1 pulso

Dirigiendo

Practica dirigir este patrón de dos pulsos

46. Ritmo rap

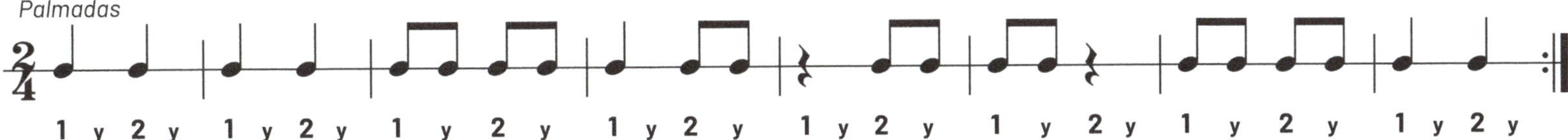

47. De dos en dos

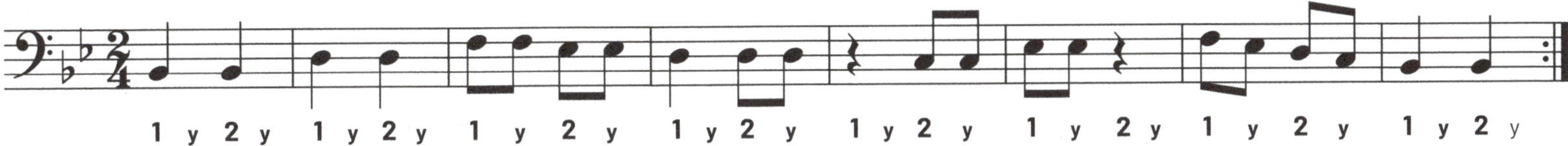

Tempo Markings

Tempo is the speed of music. Tempo markings are usually written above the staff, in Italian.
Allegro – Fast tempo **Moderato** – Medium tempo **Andante** – Slower walking tempo

48. Marcha de cadetes secundarios

John Philip Sousa

49. ¡Oye! Nadie esta en casa – nota nueva

Dinámicas

Crescendo
(gradualmente aumentando el volumen)

Decrescendo o *Diminuendo*
(gradualmente reduciendo el volumen)

50. Toca las dinámicas con palmadas

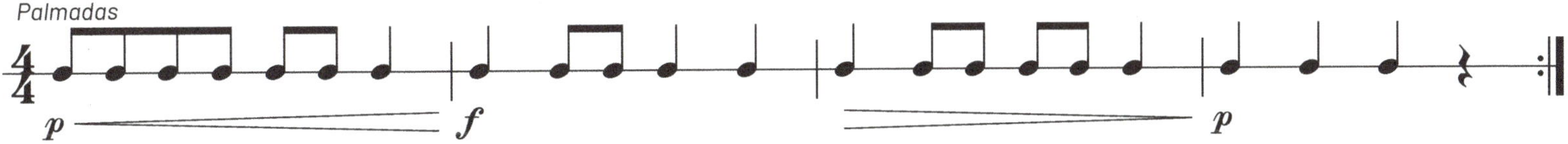

51. Toca las dinámicas

¿Buscas más música divertida para tocar? Consulte la portada interior para obtener instrucciones sobre cómo acceder a las canciones adicionales populares y recientes.

RENDIMIENTO DESCATADO

52. Calentamientos

Desarrollador de tono

Estudio de ritmo

Rap de ritmo

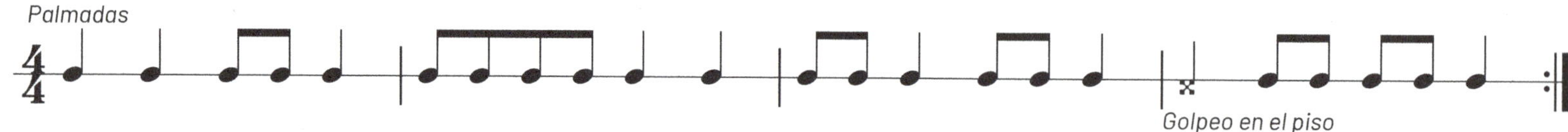

Coral

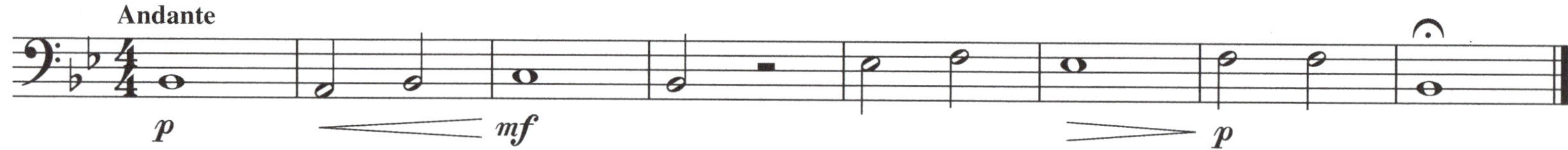

53. Aura Lee – dúo o arreglo para banda

(Parte A = Melodia, Parte B = Armonia)

George R. Poulton

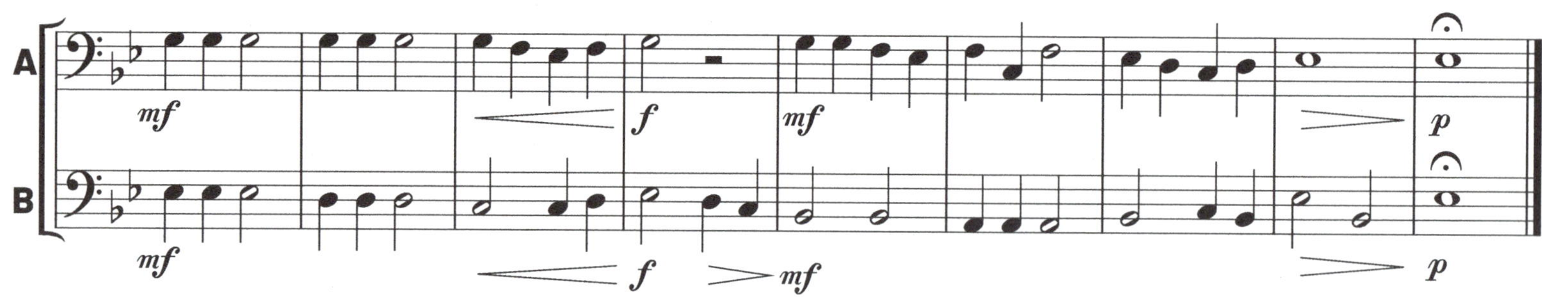

54. Frère Jacques – Canon

Canción folclórica francesa

RENDIMIENTO DESCATADO

Ligadura

Una línea curva que conecta notas del mismo tono.
Toca una nota durante el tiempo total de las notas.

= 2 pulsos

59. Listo para ser ligados

2 pulsos ▲

60. Alouette

Canción folclórica francocanadiense

3 pulsos ▲

Nota blanca con puntillo

= 3 pulsos

1 y 2 y 3 y

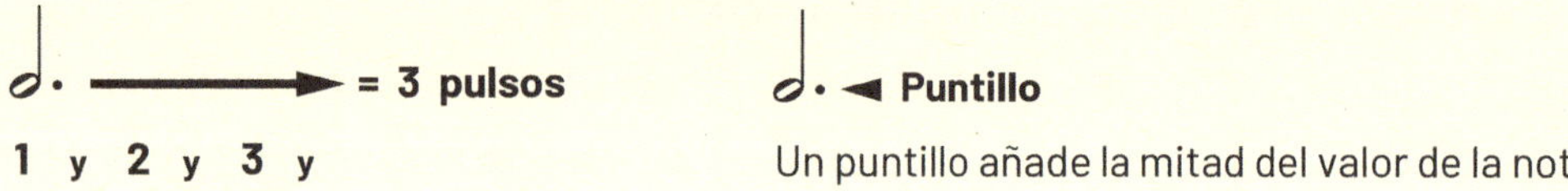

◄ Puntillo

Un puntillo añade la mitad del valor de la nota.

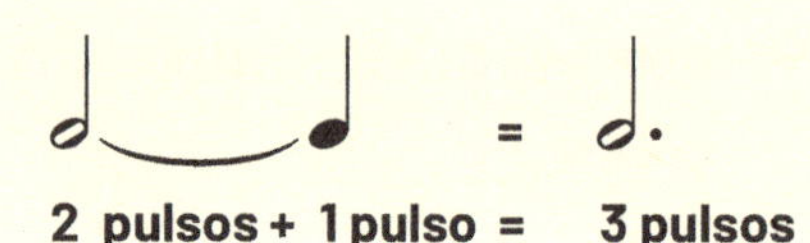

2 pulsos + 1 pulso = 3 pulsos

61. Alouette – la secuela

Canción folclórica francocanadiense

62. Está lloviendo

63. Rumbos nuevos

64. Los nobles

3 pulsos ▲

65. Essential Elements: Prueba

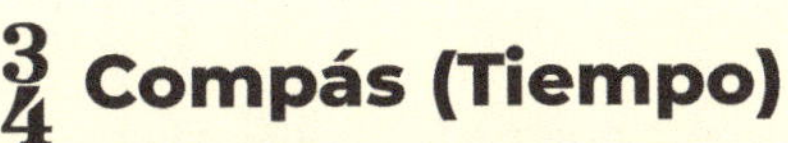

Compás (Tiempo)

= **3 pulsos** por cada compás
= **Nota Negra** recibe un pulso

Dirigiendo

Practica dirigir esta patrón de 3 pulsos

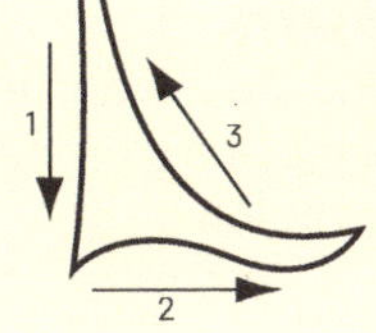

TEORÍA

66. Ritmo rap

Palmadas

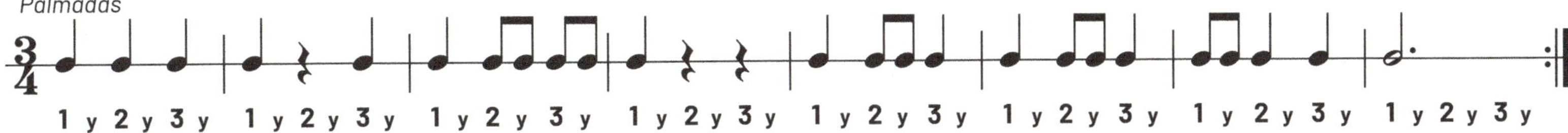

67. Jam de tres pulsos

68. Barcarolle

Jacques Offenbach

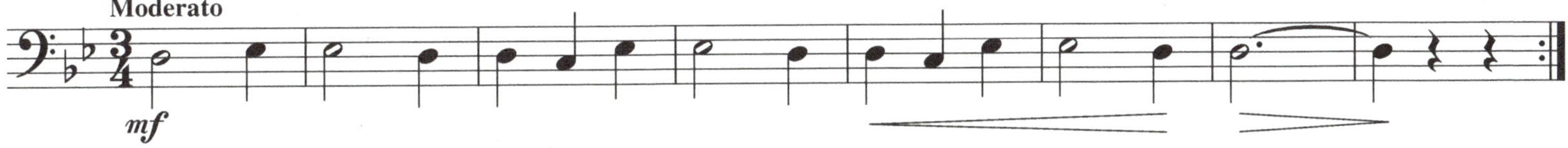

El compositor noruego **Edvard Grieg** (1843-1907) escribió *Peer Gynt Suite* para una obra de teatro de Henrik Ibsen en 1875, un año antes de que el teléfono fue inventado por Alexander Graham Bell. "Morning" es una melodía de *Peer Gynt Suite*. La música utilizada en obras de teatro o películas se denomina **música incidental**.

HISTORIA

69. Mañana (Peer Gynt)

Edvard Grieg

Signo de acentuación

Enfatiza la nota.

70. Acentúa tu talento

Palmadas

La música latinoamericana tiene sus raíces en las culturas africana, nativa americana, española y portuguesa. Esta diversa música se caracteriza por vibrantes acompañamientos de tambores y otros instrumentos de percusión como maracas y claves. La música latinoamericana continúa influyendo la música de jazz, clásica y los estilos populares. "Chiapanecas" es una popular canción infantil de baile y juego.

HISTORIA

71. Chiapanecas

Canción folclórica latinoamericana

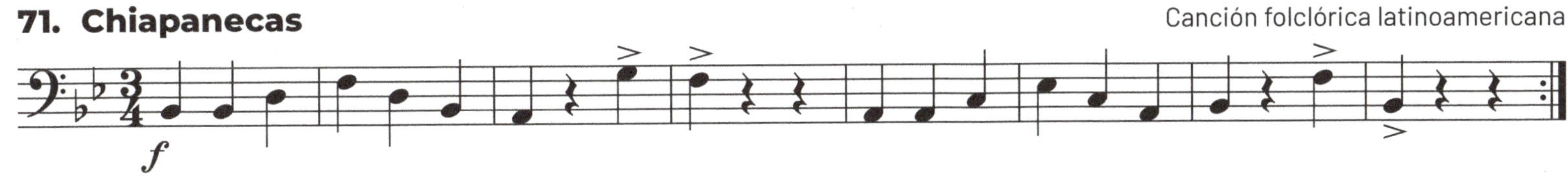

72. Creatividad Esencial

Compone tu propia música para los compases 3 y 4 utilizando este ritmo:

TEORÍA

Alteración

Cualquier signo sostenido, bemol o natural que aparece en la música sin estar en la armadura se llama una **alteración**.

Bemol ♭

Un **bemol** baja el tono de una nota por medio tono. La nota La bemol suena medio tono por debajo de La, y todas las notas La se convierten en La bemol durante el resto del compás donde aparecen.

73. Panecitos calientes – nota nueva

74. Baile cosaca

75. Blues básico – nota nueva

TEORÍA

Armadura Nueva

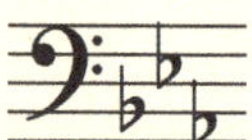

Esta Armadura indica la clave de Mi Bemol (E♭)- Toca cada Si (B), cada Mi (E♭) y cada La (A) como bemoles.

Primeras y Segundas Terminaciones

Toca la sección repetida hasta el final de la Primera Terminación. Repite la sección indicada, omitiendo la Primera Terminación y saltando a la Segunda Terminación.

76. Altos vuelos

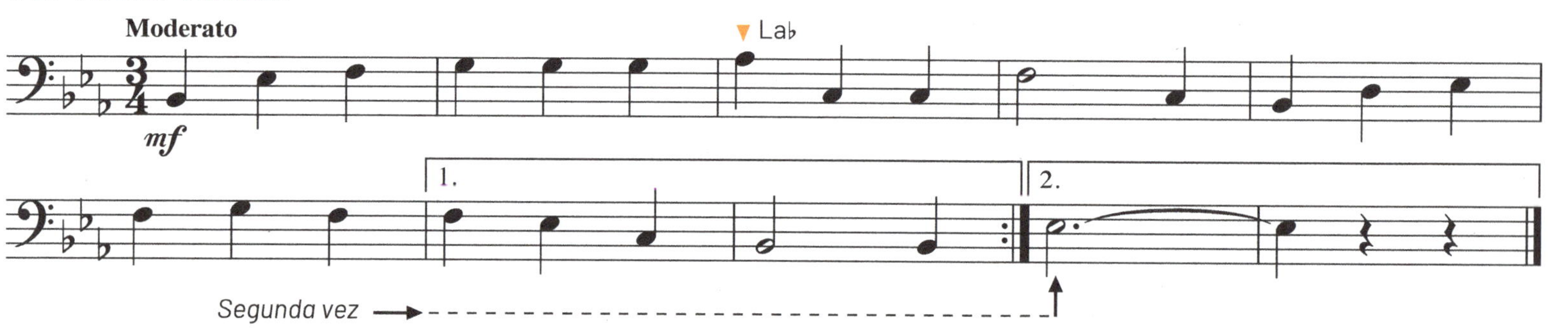

HISTORIA

La **música folclórica japonesa** en actualidad tiene sus orígenes en la antigua China. "Sakura, Sakura" se interpretaba con instrumentos como el **koto**,un instrumento de 13 cuerdas con más de 4000 años de antigüedad, y también con el **shakuhachi** o flauta de bambú. El sonido único de esta antigua melodía japonesa se debe a la secuencia pentatónica (o secuencia de cinco notas) utilizada en este sistema tonal.

77. Sakura, sakura – arreglo de banda

Canción folclórica japonesa
Arr. por John Higgins

78. Sobre la azotéa

79. Alegre viejo San Nicolas – dúo

Consulte la página 9 para música navideña adicional, Mi dreydl y Cascabeles.

80. La gran corriente de aire – nota nueva

81. Tema de vals (Vals de la viuda alegre)

Franz Lehar

82. Tiempo de aire

83. Allá por la estación

84. Essential Elements: Prueba

85. Creatividad Esencial *Usando estas notas, improvisa tus propios ritmos:*

DESARROLLADOR DE TONO *Entrenamientos para tono y técnica*

86. Desarrollador de tono

87. Desarrollador de ritmo

88. Ejercicios de técnica

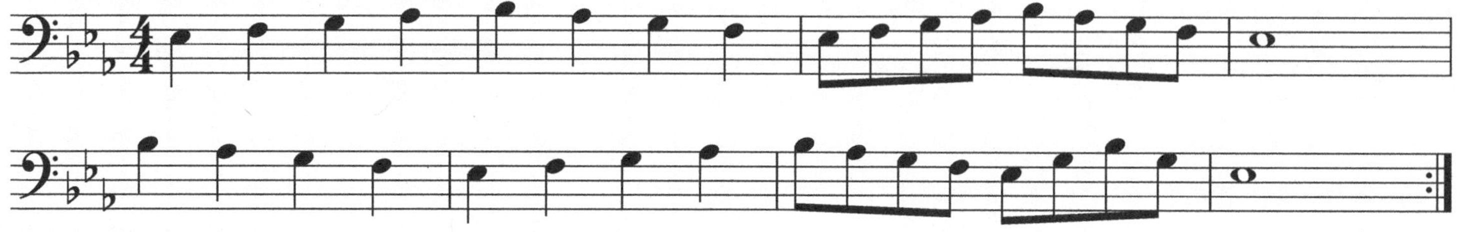

89. Coral *adaptado de la Cantata 147*

Johann Sebastian Bach

TEORÍA

Tema y variación

Una forma musical que presenta un **tema** o melodía principal, seguido por **variaciones** o versiones alteradas del tema.

90. Variaciones sobre un tema conocido

D.C. al Fine

En el **D.C. al fine** toca de nuevo desde el principio, deteniéndose en **fine**.

D.C. es la abreviación para **Da Capo** o "al principio" y **fine** significa el final.

91. Canción del barco banana

Canción folclórica caribeña

Becuadro ♮

Un **becuadro** cancela un bemol o un sostenido y permanece en efecto durante todo el compás.

TEORÍA

92. Filo de navaja – nota nueva

93. La caja de música

Las canciones **espirituales afroamericanas** se originaron en los 1700's a mediados del período de la esclavitud en Estados Unidos. Una de las categorías más grandes de la auténtica música folclórica estadounidense, estas canciones, principalmente religiosas, se cantaron y se transmitieron de generación en generación sin ser escritas. La primera colección de espirituales se publicó en 1867, cuatro años después de la promulgación de la Proclamación de Emancipación.

HISTORIA

94. Ezekiel vió la rueda

Canción espiritual africana-americana

95. Operador hábil

96. Deslizando

El **ragtime** es un estilo musical norteamericano popular desde la década de 1890 hasta la primera guerra mundial. Esta forma temprana de jazz dio fama a pianistas como "Jelly Roll" Morton y Scott Joplin, autores de "The Entertainer" y "Maple Leaf Rag". Sorprendentemente, el estilo se incorporó a algunas obras orquestales de Igor Stravinsky y Claude Debussy. Los trombones ahora aprenden a tocar el *glissando*,

HISTORIA

97. Rag de trombón

98. Essential Elements: Prueba

99. Tomar la delantera – nota nueva

TEORÍA

Phrase Una "oración" musical que comúnmente tiene 2 o 4 compases.

100. El viento frío

101. Fraseología

TEORÍA

Armadura nueva

Esta **Armadura** indica la Clave de Fa (F). Tocar cada Si (B) como bemol (B♭)

Silencios de compases multiples

El número sobre en pentagrama indica cuantos compases completos requieren silencio. Contar cada compás de silencio en secuencia:

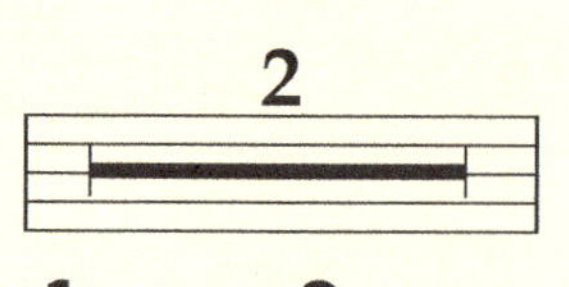

1-2-3-4 **2**-2-3-4

102. Latin Satinado

HISTORIA

El compositor alemán **Johann Sebastian Bach** (1685–1750) fue parte de una gran familia de músicos famosos y se convirtió en el compositor más reconocido de la época barroca. Comenzando como miembro del coro, Bach pronto se convirtió en organista, profesor y compositor prolífico, que escribió más de 600 *obras* maestras. Este Minueto, o danza en compás de 3/4, fue escrita como una pieza didáctica para su uso con una forma temprana del piano.

103. Minuet – dúo

Johann Sebastian Bach

104. Creatividad Esencial

Esta melodía se puede tocar en 3/4 o 4/4. Dibuja a lápiz cualquiera de las dos compases, dibuja las líneas divisorias y toca la canción. Ahora borra las líneas divisorias y prueba con el otro compás. ¿Suenan diferentes las frases?

105. Naturalmente

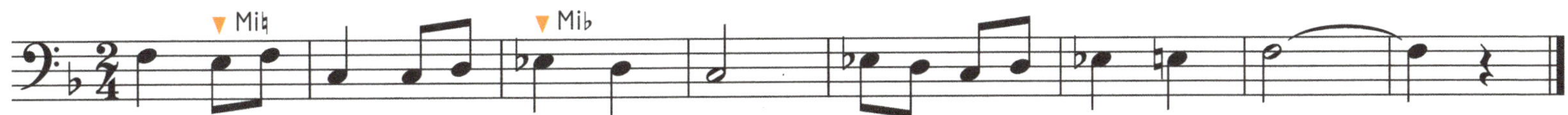

HISTORIA

El compositor austriaco **Franz Peter Schubert** (1797–1828) vivió una vida más corta que cualquier otro gran compositor, pero creó una increíble cantidad de música: más de 600 canciones artísticas (música de concierto para voz y acompañamiento), diez sinfonías, música de cámara, óperas, obras corales y piezas para piano. Su "Marcha militar" fue originalmente un dúo de piano.

106. Marcha militar

Franz Schubert

107. La zona plana – nota nueva

Re bemol

108. Encima de viejo Smokey

Canción folclórica estadounidense

HISTORIA

El **boogie-woogie** es un estilo de **blues**, y fue grabado por primera vez por el pianista Clarence "Pine Top" Smith en 1928, un año después del vuelo en solitario de Charles Lindbergh a través del Atlántico. La música blues, como una forma de jazz, presenta notas alteradas y generalmente se escribe en versos de 12 compases, como "Boogie del bajo de abajo".

109. Boogie del bajo de abajo – dúo

Notas negras con puntillo y corcheas
= 2 pulsos
1 y 2 y
Un **punto** añade la mitad del valor de la negra.
1 y 2 y
Una sola **corchea** tiene una **bandera** en la plica.
110. Rap de ritmo
Palmadas
1 y 2 y 3 y 4 y 1 y 2 y 3 y 4 y 1 y 2 y 3 y 4 y 1 y 2 y 3 y 4 y
111. El punto siempre cuenta
1 y 2 y 3 y 4 y 1 y 2 y 3 y 4 y 1 y 2 y 3 y 4 y 1 y 2 y 3 y 4 y
112. Toda la noche
Fine
D.C. al Fine
mf
p
113. Chabolas de mar
Canción folclórica inglesa
Moderato
f
mf
f
114. La feria de Scarborough
Canción folclórica inglesa
Andante
mf
f
mf
p
115. Rap de ritmo
Palmadas
1 y 2 y 3 y 4 y 1 y 2 y 3 y 4 y 1 y 2 y 3 y 4 y 1 y 2 y 3 y 4 y
116. El cambio de rumbo
1 y 2 y 3 y 4 y 1 y 2 y 3 y 4 y 1 y 2 y 3 y 4 y 1 y 2 y 3 y 4 y
117. Essential Elements: Prueba – Auld lang syne
Canción folclórica escocesa
Andante
mf
f
Revisa el ritmo

RENDIMIENTO DESTACADO

Solo con Acompañamiento de Piano

Puedes realizar este solo con o sin un pianista acompañante. Tócalo para la banda, la escuela o tu familia. Este pasaje forma parte de la ***Sinfonía #9 ("Del Mundo Nuevo")*** del compositor checo **Antonin Dvorák** (1841-1904). Él escribió la obra mientras visitaba Estados Unidos en 1893, y se inspiró para incluir melodías de canciones folclóricas y espirituales estadounidenses. Este es el tema Largo (o "tempo muy lento").

118. Tema de "Sinfonía del nuevo mundo"

Antonin Dvorák

Los grandes músicos animan a sus compañeros intérpretes. En esta página, los clarinetistas aprenden el registro superior de sus instrumentos en los "Saltos de gorila granadilla" (llamado así por la madera de granadilla utilizada para hacer clarinetes). Los músicos de instrumentos metales aprenden las ligaduras de labios, un nuevo patrón de calentamiento. El éxito de tu banda depende del esfuerzo y el estímulo de todos.

119. Salto de gorila granadilla n.° 1

120. Saltando arriba y abajo

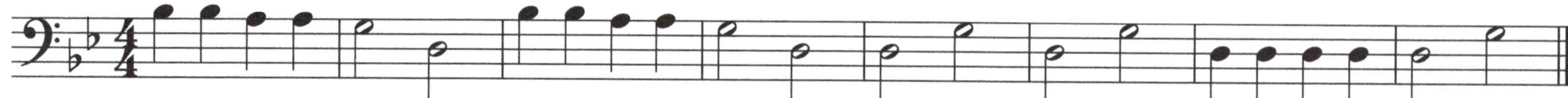

121. Salto de gorila granadilla n.° 2

122. Saltando con alegría

123. Salto de gorila granadilla n.° 3

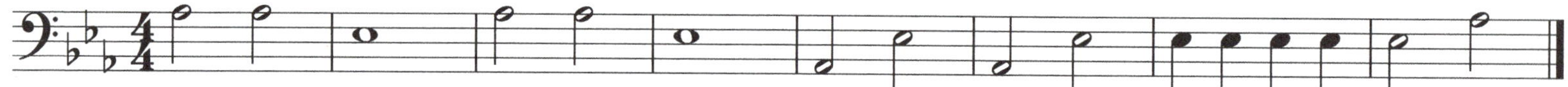

124. Saltos de tijera

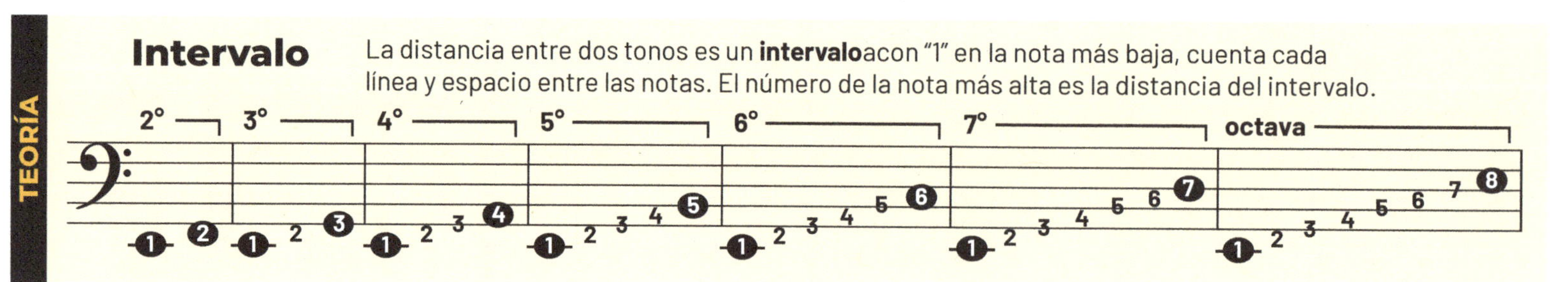

TEORÍA

Intervalo

La distancia entre dos tonos es un **intervalo**acon "1" en la nota más baja, cuenta cada línea y espacio entre las notas. El número de la nota más alta es la distancia del intervalo.

125. Essential Elements: Prueba

Escribe los números de los intervalos, contando hacia arriba desde las notas más bajas.

Canciones adicionales están disponibles en línea. Consulte la portada interior para obtener más detalles.

126. Salto de gorila granadilla n.º 4

127. Tres es la cuenta

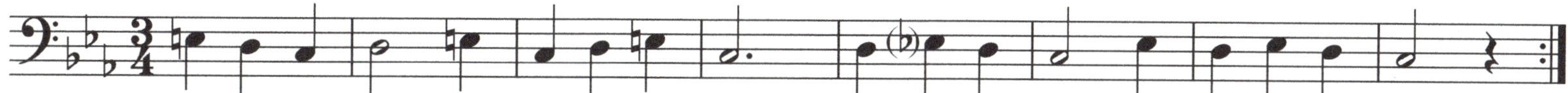

128. Salto de gorila granadilla n.º 5

129. Ejercicios de técnica

130. Cruzando – nota nueva

Trío

Un **trío** es una composición con tres partes tocadas juntas.
Practica este trío con otros dos músicos y escucha la armonía a 3 voces.

131. Kum bah yah – trío *Compruebe siempre la armadura*

Canción folclórica africana

Repite la sección de música encerrada por los **signos de repetición**. (Si se usan terminaciones 1ª y 2ª, se tocan como de costumbre, pero se vuelve a la primera señal de repetición, no al principio).

Canción folclórica africana

Canción folclórica austriaca

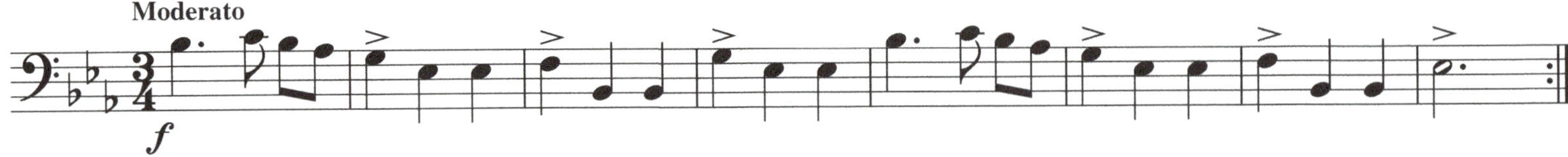

134. Bahía botánica

Canción folclórica australiano

TEORÍA

C Compás

Dirigiendo

Practica dirigir este patrón de cuatro pulsos

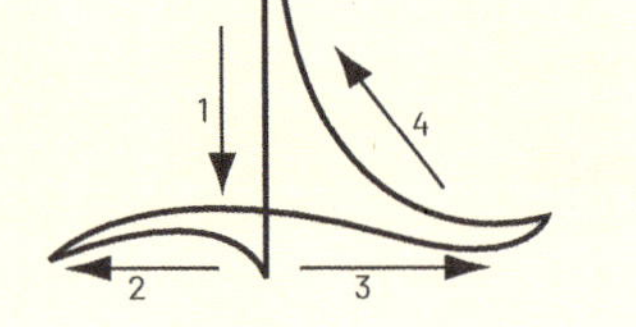

135. Ejercicios de técnica *Practica este ejercicio en todos los niveles dinámicos.*

136. Finlandia

Jean Sibelius

137. Creatividad Esencial

Crea tus propias variaciones dibujando un punto y una bandera para cambiar el ritmo de cualquier compás de 𝅗𝅥 𝅗𝅥 *a* 𝅗𝅥. 𝅘𝅥𝅮

138. Saltos fáciles de gorila

139. Ejercicios de técnica *Compruebe siempre la armadura.*

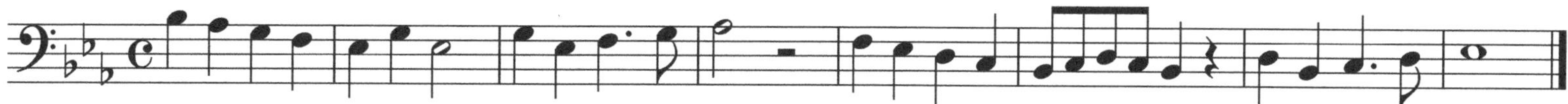

140. Otro ejercicio de técnica

141. Canción alemana folclórica

142. Cuando los santos vuelven a marchar

James Black y Katherine Purvis

143. Paseo de los gorila de tierra-baja

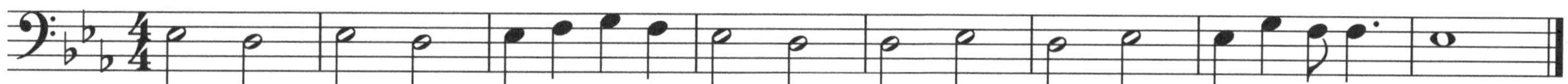

144. Navegación tranquila

145. Más saltos de gorila

146. Cobertura total

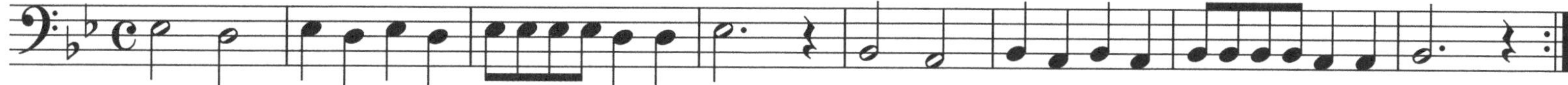

TEORÍA

Escala

Una **escala** es una secuencia de notas en orden ascendente o descendente. Como una "escalera" musical, cada escala de paso es la siguiente nota consecutiva en la tonalidad. Esta escala está en tu clave de Si bemol (B♭), usando dos bemoles. La dos notas mas superior e inferior son ambas Si bemoles. El intervalo entre las dos es de una octava.

147. Escala de Si bemol

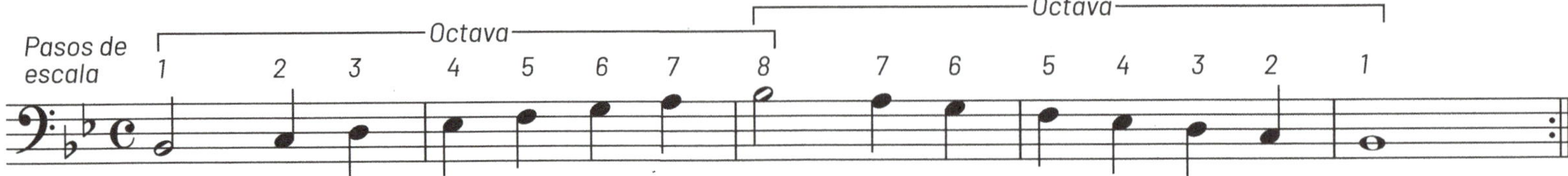

TEORÍA

Acorde y Arpegios

Cuando dos o más notas se tocan juntas, forman un acorde o armonía. Este acorde de Si bemol se construye a partir de los pasos 1º, 3º y 5º de la escala de Si bemol (B♭). El octavo paso es el mismo que el 1º, pero es una octava más alta. Un arpegio es un acorde "fragmentado" cuyas notas se tocan individualmente.

148. En armonía

Divida las notas de los acordes entre los miembros de la banda y tóquenlos juntos.

¿Suena el arpegio como un acorde?

149. Escala y arpegio

HISTORIA

El compositor austriaco **Franz Josef Haydn** (1732-1809) escribió 104 sinfonías. Muchas de estas obras tenían apodos e incluían efectos brillantes y únicos para su época. *Su sinfonía N.º 94* fue llamada "La sinfonía sorpresa" porque el suave segundo movimiento incluía una dinámica repentina y fuerte, destinada a despertar a un público a menudo adormecido. Presta atención especial a la dinámica cuando toques este famoso tema.

150. Tema de la Sinfonía sorpresa

Franz Josef Haydn

151. Essential Elements: Prueba – Las calles de Laredo

Canción folclórica estadounidense

Escribe los nombres de las notas antes de tocar

RENDIMIENTO DESCATADO

152. Espíritu escolar – arreglo de banda

W.T. Purdy
Arr. por John Higgins

Estilo de marcha

5 ◄ *Número de compás*

Soli — Mientras tocando música indicado como **Soli**, eres parte de un "solo" para un grupo entero. Escucha cuidadosamente durante "Carnaval de Venezia" e identifica el nombre de los instrumentos que tocan la parte del Soli en cada compás indicada.

153. Carnaval de Venezia – arreglo de banda

Julius Benedict
Arr. por John Higgins

CALENTAMIENTOS DIARIOS

EJERCICIOS PARA TONO Y TÉCNICA

154. Desarrollador de registro y flexibilidad

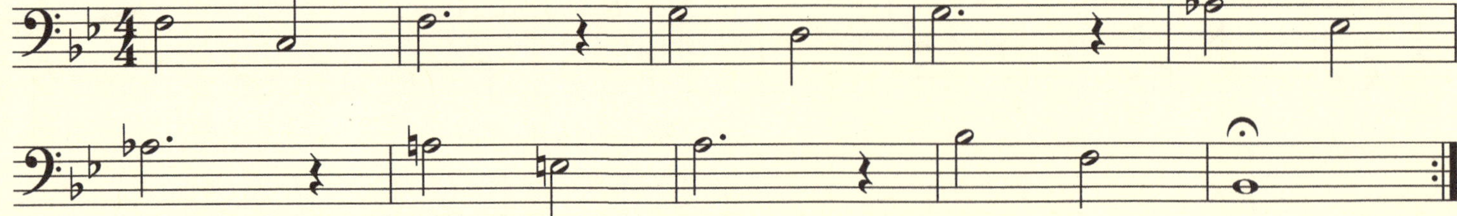

155. Ejercicios de técnica

156. Coral

Johann Sebastian Bach

HISTORIA

La melodía tradicional hebrea "Hatikvah" ha sido el himno nacional de Israel desde el inicio de la nación. En la declaración de estado de 1948, fue cantada por la asamblea reunida durante la ceremonia de apertura y fue interpretada por miembros de la Orquesta Sinfónica de Palestina al concluir.

157. Hatikvah

Himno nacional israelí

Nota corchea y silencio de corchea

♪ = 1/2 pulso de sonido

𝄾 = 1/2 pulso de silencio

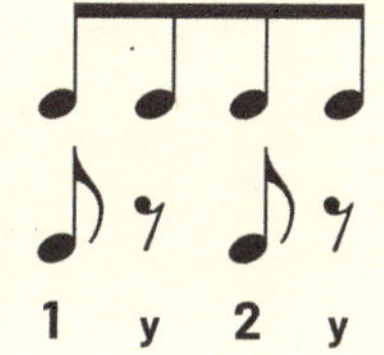

158. Rap de ritmo

Palmadas

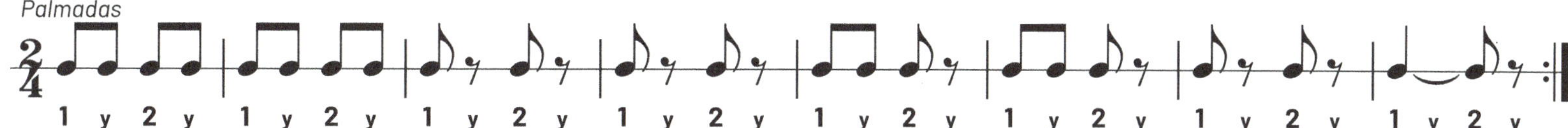

159. Marcha de corcheas

160. Minuet

Johann Sebastian Bach

161. Rap de ritmo

Palmadas

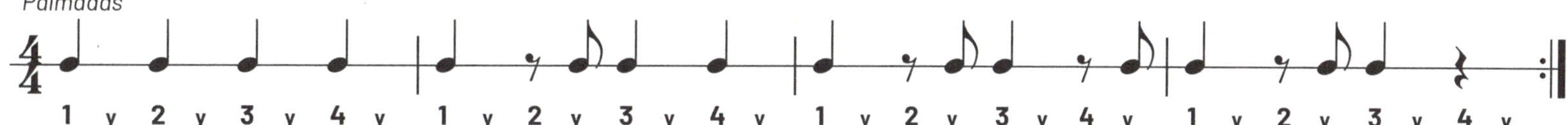

162. Corcheas después del pulso

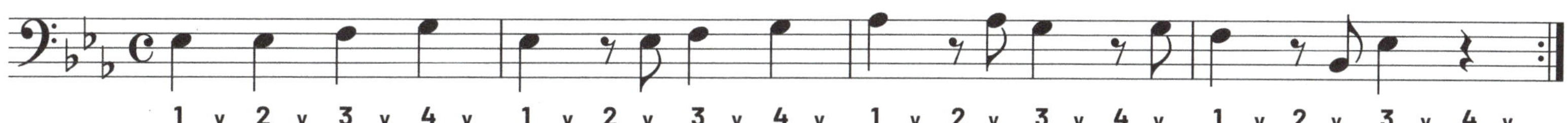

163. Corcheas revueltas

164. Essential Elements: Prueba

165. Melodía de baile – nota nueva

El compositor y director de orquesta estadounidense **John Phillip Sousa** (1854-1892) escribió 136 marchas. Conocido como "El rey de la marcha". Sousa escribió *The Stars and Stripes Forever, Semper Fidelis, The Washington Post* y muchas otras obras patrióticas. La banda de Sousa tocó en todo el país, y su fama ayudó aumentar la popularidad de las bandas en Estados Unidos. Aquí hay una melodía de su famosa opereta y marcha *El capitán*:

166. El capitán

John Philip Sousa

O Canadá, anteriormente conocido como "la canción nacional", se representó por primera vez en el año 1880 en el Canadá Francés. Robert Stanley Weir tradujo la versión ingles en el año 1908, pero la canción no fue adoptada como el himno nacional de Canadá hasta el año 1980, cien años después de su estreno.

167. O Canadá

Calixa Lavallee,
l'Hon. Judge Routhier y Justice R.S. Weir

168. Essential Elements: Prueba – Meter mania *Contar y palmadas antes de tocar. ¿Puedes dirigir esto?*

Enarmónicos

Dos notas que están escritas de manera diferente, pero suenan igual (y tocadas con la misma digitación) se llaman **enarmónicas**. La tabla de digitación de las páginas 46 y 47 muestra las digitaciones de las notas enarmónicas de tu instrumento.

En el teclado de un piano, cada tecla negra es a la vez un bemol y un sostenido.

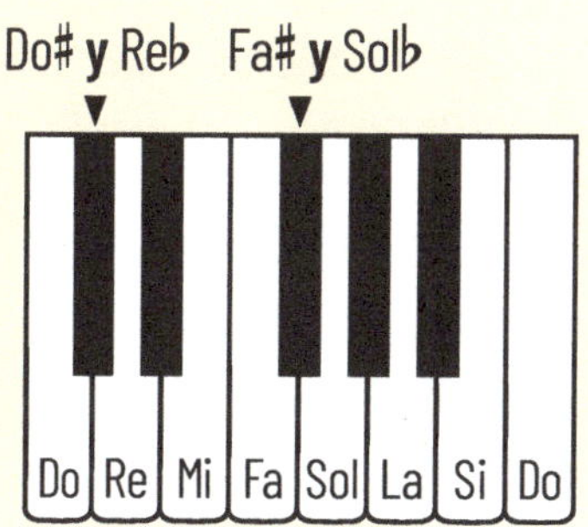

TEORÍA

169. Encantador de serpientes

Las notas enarmónicas usan la misma digitación.

170. Sombras oscuras

171. Encuentros cercanos

Las notas enarmónicas usan la misma digitación.

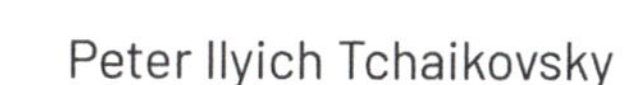

172. March slav

Peter Ilyich Tchaikovsky

173. Notas disfrazadas

Notas cromáticas

Las **notas cromáticas** se alteran con sostenidos, bemoles y signos naturales que no están en la armadura. La distancia más pequeña entre dos notas es un semitono, y una escala formada por semitonos consecutivos se denomina **escala cromática**.

TEORÍA

174. Paseando en medio-pasos

HISTORIA

El compositor francés **Camille Saint-Saëns** (1835-1921) escribió música para prácticamente todos los medios: óperas, suites, sinfonías y obras de cámara. La "Danza egipcia" es uno de los temas principales de *su famosa ópera* Sansón y Dalila. La ópera fue escrita el mismo año en que Thomas Edison inventó el fonógrafo, 1877.

175. Danza egipcia *Esté atento a los enarmónicos.*

Camille Saint-Saëns

176. Barco de luna plata

Canción folclórica

HISTORIA

El compositor alemán **Ludwig van Beethoven** (1770-1827) es considerado uno de los más grandes compositores del mundo, a pesar de quedar completamente sordo en 1802. Aunque no podía escuchar su música de la manera en que nosotros podemos, podía "escucharla" en su mente. Como testimonio de su grandeza, su *Sinfonía n.º 9* (p. 13) se interpretó como final de la ceremonia que celebró la reunificación de Alemania en 1990. Este es el tema de su *Sinfonía n.º 7*, segundo movimiento.

177. Tema de la Sinfonía n.° 7 – dúo

Ludwig van Beethoven

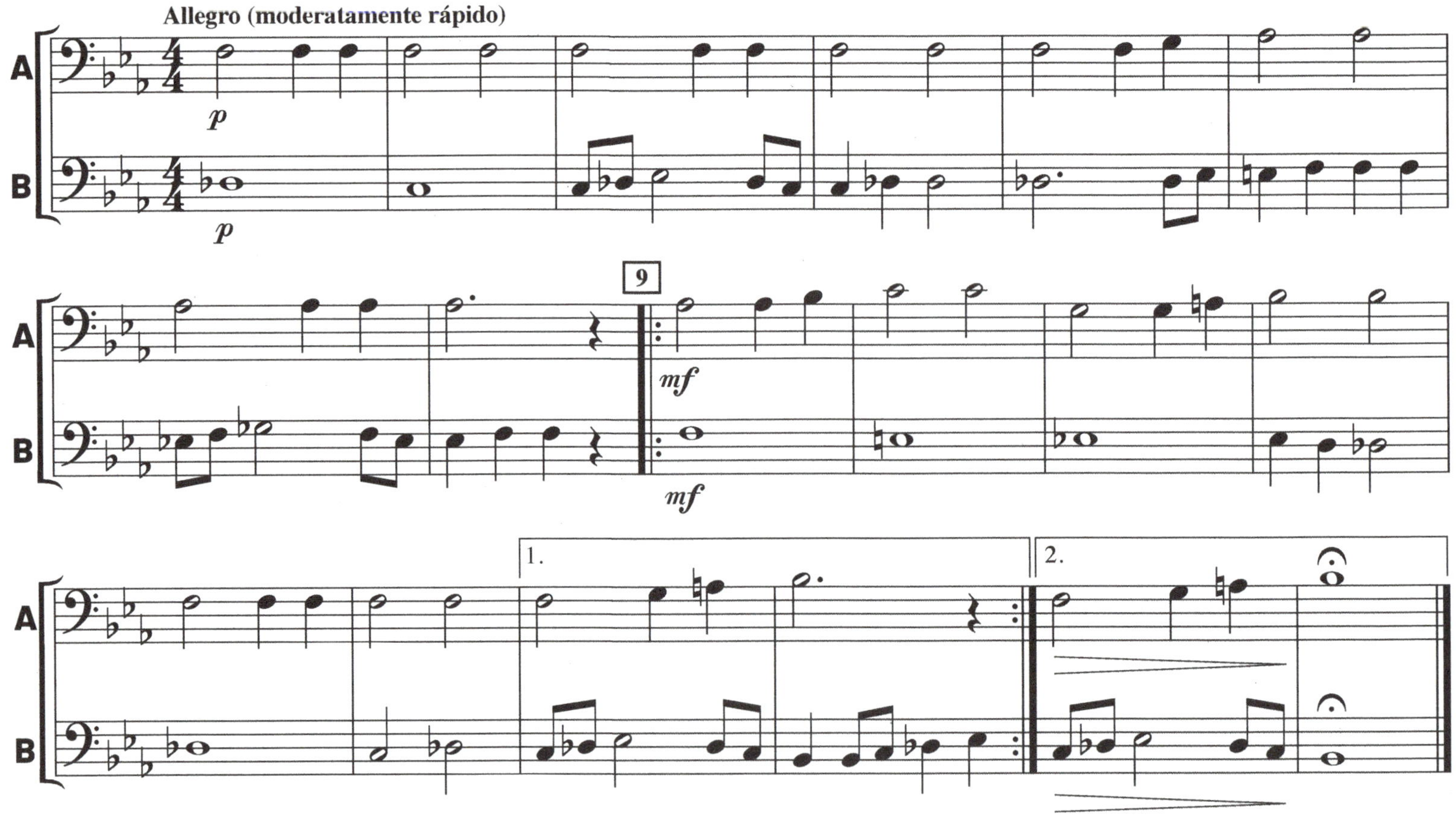

Allegro (moderatamente rápido)

A
B
p
p
9
mf
mf
1.
2.

El compositor ruso **Peter Ilyich Tchaikovsky** (1840-1893) escribió seis sinfonías y cientos de otras obras, entre ellas el ballet *El Cascanueces*. Fue un maestro en la composición de brillantes arreglos de música folclórica, y sus melodías originales se encuentran entre las más populares de todos los tiempos. Su *Obertura de 1812* y *Capriccio Italien* fueron escritas en 1880, un año después de que Thomas Edison desarrollara la bombilla eléctrica.

HISTORIA

Canciones adicionales están disponibles en línea. Consulte la portada interior para obtener más detalles.

RENDIMIENTO DESCATADO

RENDIMIENTO DESCATADO

184. Tema de la Obertura de 1812 – arreglo de banda

Peter Ilyich Tchaikovsky
Arr. por John Higgins

RENDIMIENTO DESCATADO

Solo con Acompañamiento de piano

Actuar frente a una audiencia es una parte emocionante de participar en la música. Este solo está basado en la Sinfonía n.º 1 del compositor alemán **Johannes Brahms** (1833-1897). Él completó su primera sinfonía en 1876, el mismo año en que Alexander Graham Bell inventó el teléfono. Tú y un acompañante al piano pueden interpretarlo para la banda o en otros eventos escolares y comunitarios.

185. Tema de Sinfonía n.º1 – Solo *(version de Mi bemol)*

Johannes Brahms
Arr. por John Higgins

DÚOS

Esta es una oportunidad para reunirse con un amigo y disfrutar tocando música. El otro estudiante no tiene que tocar el mismo instrumento que tú. Intenta que coincidan exactamente con respeto al ritmo, las notas y la calidad del tono. Eventualmente, puede comenzar a sonar como si las dos partes están siendo interpretadas por una sola persona! Más tarde, intente intercambiar las partes.

186. Baja suave, dulce carroza – Dúo

Canción espiritual africana-americana

ESTUDIOS DE ESCALA Y ARPEGIOS DE RUBANK

Clave de Si♭

En esta armadura, tocar todos Si♭ y Mi♭.

2.

3.

4.

Clave de Mi♭

En esta armadura, tocar todos Si♭, Mi♭ y La♭

1.

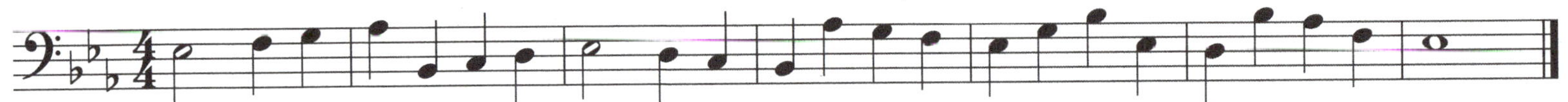

2.

3.

4.

ESTUDIOS DE ESCALA Y ARPEGIOS DE RUBANK

ESTUDIOS DE RITMO

ESTUDIOS DE RITMO

CREANDO MÚSICA

TEORÍA

Composición

Composición es el arte de crear música original. Usualmente empieza creando una melodía que consiste de varias **frases**, como breves oraciones musicales. Algunas melodías tienen frases que parecen responderle a las frases que parecen presentar una pregunta, como en las obra de Beethoven *"Ode To Joy"*. Toca esta melodía y escucha como las frases 2 y 4 dan respuestas un poco variadas a la misma pregunta (frase 1 y 3).

1. Oda a la alegría

Ludwig van Beethoven

2. P. y R.

Escribe tu propia frase de "respuesta" en esta melodía

3. Desarolladores de frases

Escribe 4 frases diferentes usando los ritmos debajo de cada pentagrama.

A

B

C

D

4. Créa su proprio título: ______________________

Escoge la frase A, B, C o D de arriba y escríbela como la "Pregunta" para las frases 1 y 3 debajo.
Luego escribe 2 respuestas diferentes para las frases 2 y 4.

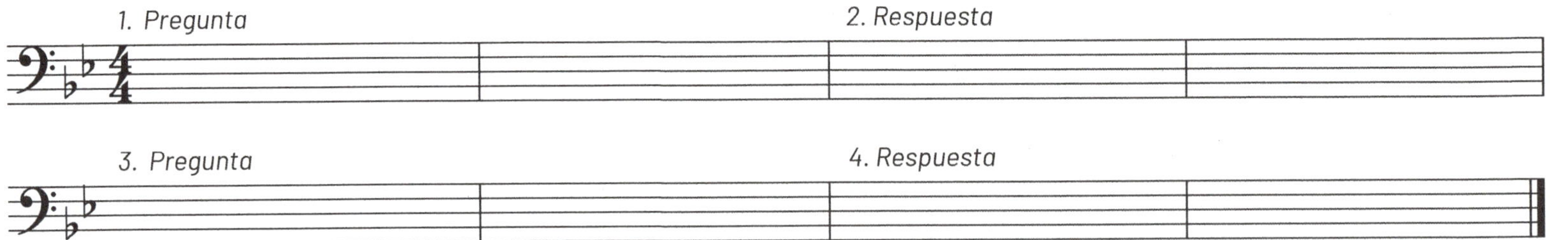

Improvisación

La improvisación es el arte de crear libremente tu propia melodía mientras tocas. Usa estas notas para tocar tu propia melodía (Línea A), para tocar con el acompañamiento (Línea B).

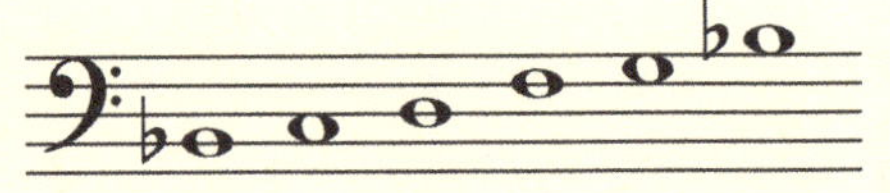

5. Melodía instante

Puedes marcar tu progreso a través del libro en esta página.
Rellena las estrellas según las instrucciones del director de la banda.

1. Página, 2-3 Los básicos
2. Página 5, EE prueba, n.º 13
3. Página 6, EE prueba, n.º 19
4. Página 7, EE prueba, n.º 26
5. Página 8, EE prueba, n.º 32
6. Página 10, EE prueba, n.º 45
7. Página 12-13, rendimiento destacado
8. Página 14, EE prueba, n.º 65
9. Página 15, creatividad esencial, n.º 72
10. Página 17, EE prueba, n.º 84
11. Página 17, creatividad esencial, n.º 85
12. Página 19, EE prueba, n.º 98
13. Página 20, creatividad esencial, n.º 104
14. Página 21, n.º 109
15. Página 22, EE prueba, n.º 117
16. Página 23, rendimiento destacado
17. Página 24, EE prueba, n.º 125
18. Página 26, creatividad esencial
19, Página 28, n.º 149
20. Página 28, EE prueba, n.º 151
21. Página 29, rendimiento destacado
22. Página 31, EE prueba, n.º 164
23. Página 32, EE prueba, n.º 168
24. Página 33, n.º 174
25. Página 35, EE prueba, n.º 181
26. Página 36, rendimiento destacado
27. Página 37, rendimiento destacado
28. Página 38, rendimiento destacado

Música – un elemento esencial de la vida

TABLA DE DIGITACIONES

Bajo Eléctrico

Recordatorios para el cuidado del instrumento

- Asegúrate de que tu amplificador esté apagado antes de conectar o desconectar el cable de audio que lo une a tu instrumento.
- Al desconectar un cable, sosténlo por el enchufe, no por el cable.
- Después de tocar, limpia el instrumento y las cuerdas con un paño suave y limpio. Guarda el instrumento en su estuche.
- Cierra todos los broches del estuche cuando el instrumento esté dentro.
- Mantén las 4 cuerdas afinadas (con tensión normal) para evitar que el mástil se deforme.
- Tu estuche está diseñado para guardar solo objetos específicos. Forzar cualquier otro objeto podría dañar tu instrumento.

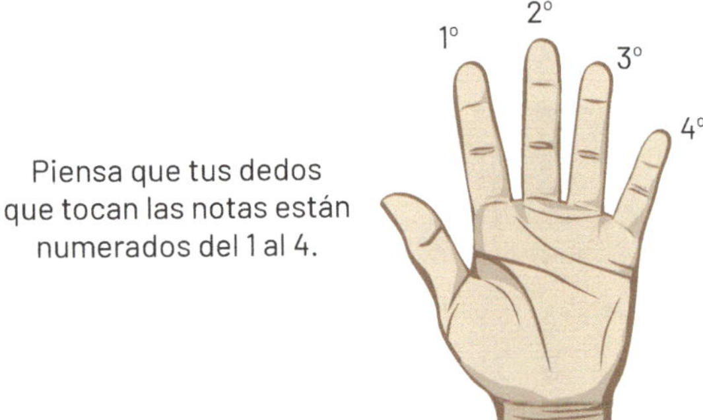

Piensa que tus dedos que tocan las notas están numerados del 1 al 4.

cuerdas
4° 3° 2° 1°
Trastes
1°
2°
3°
4°
5°

Los diagramas del diapasón muestran dónde tocar las notas. Se dibujan círculos en el diagrama para indicar los dedos que se deben usar para tocar las notas.

Instrumentos y fotografías cortesía de Yamaha.

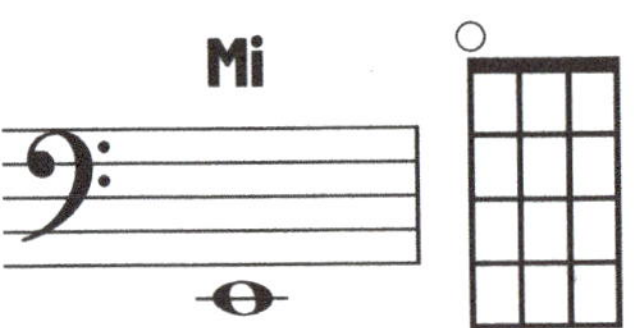

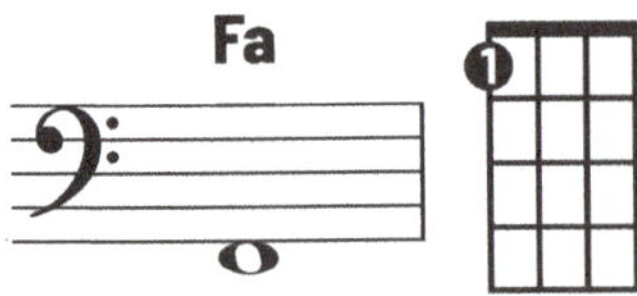

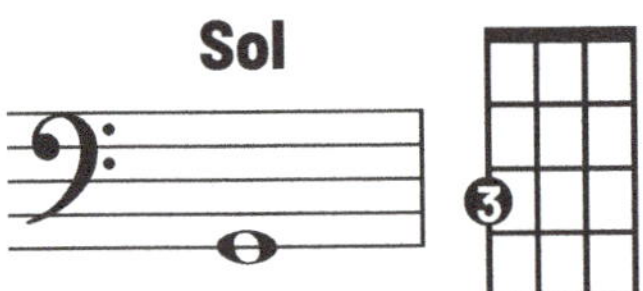

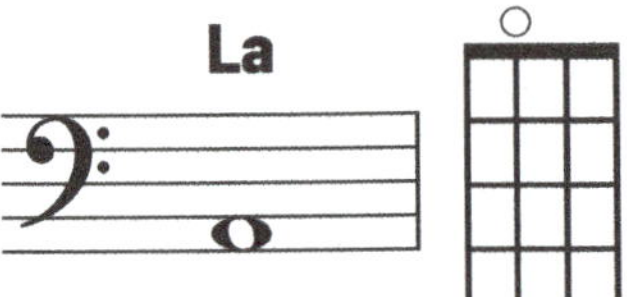

TABLA DE DIGITACIONES

Bajo Eléctrico

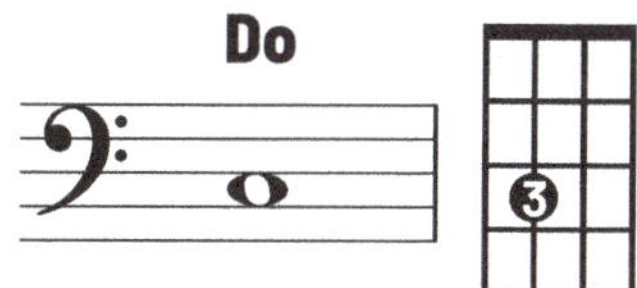

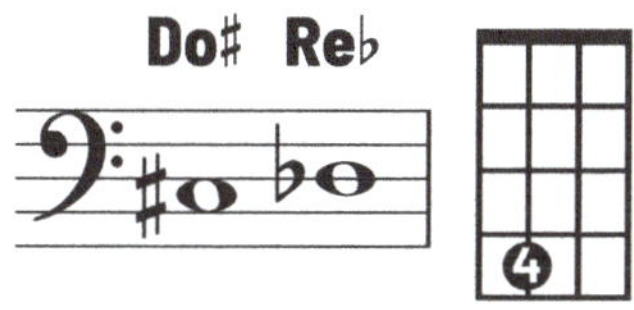

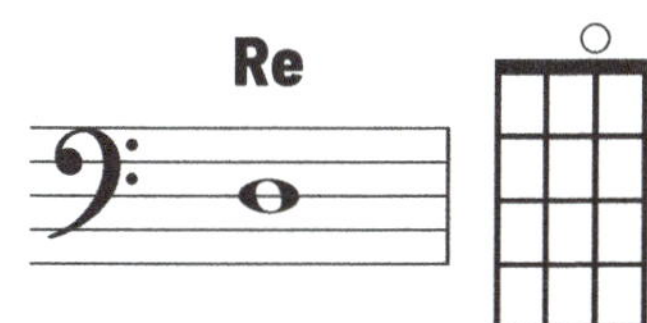

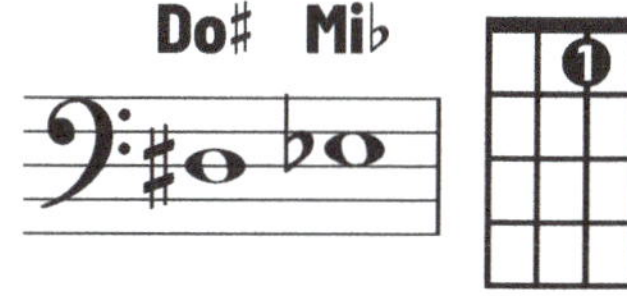

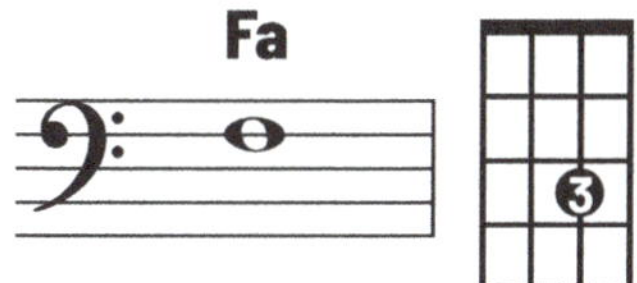

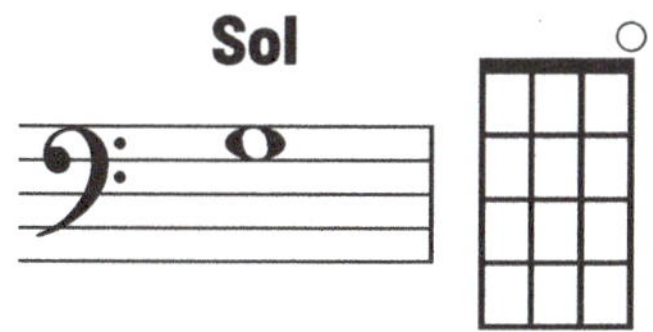

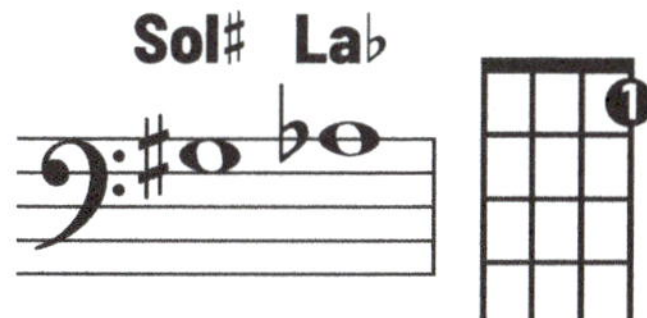

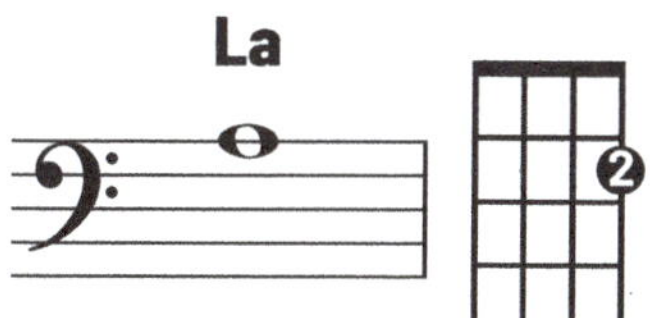

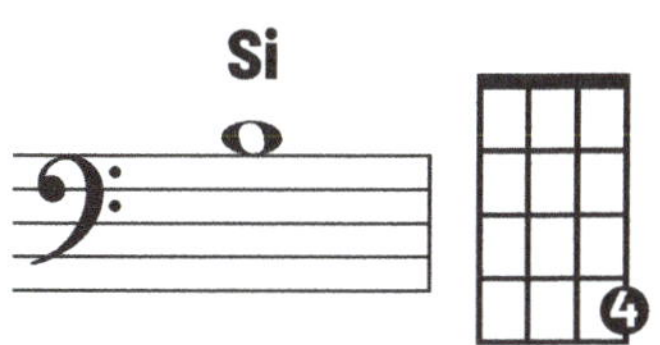

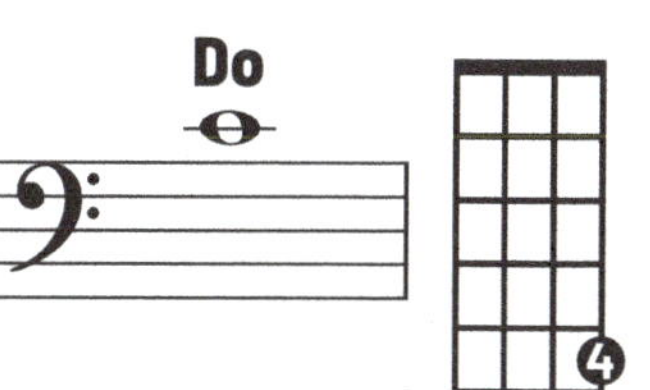

Índice de referencia

Definiciones (páginas)

Compositores

Música del mundo